Peter Aschoff
Kaum zu fassen

PETER ASCHOFF

Kaum zu fassen

Eine kleine Reise
durch die große Welt
des Glaubens

adeo

Mix
Produktgruppe aus vorbildlich bewirtschafteten
Wäldern und anderen kontrollierten Herkünften
www.fsc.org Zert.-Nr. SGS-COC-001940
© 1996 Forest Stewardship Council

Verlagsgruppe Random House FSC-DEU-0100
Das FSC-zertifizierte Papier *Munken Premium Cream* für dieses Buch
lieferte Arctic Paper Munkedals AB, Schweden.

© 2010 by adeo Verlag
in der Gerth Medien GmbH, Asslar,
Verlagsgruppe Random House GmbH, München

1. Auflage 2010
Bestell-Nr. 814 223
ISBN 978-3-942208-23-9

Lektorat: Fred Ritzhaupt, Göppingen
Umschlaggestaltung: Buttgereit & Heidenreich, Haltern am See
Satz: Marcellini Media GmbH, Wetzlar
Druck und Verarbeitung: GGP Media GmbH, Pößneck
Printed in Germany

Inhalt

Teil II: Die Vogelperspektive

Teil III: Boden unter den Füßen

Teil I:
Weite Welt

Berichte aus fernen Ländern faszinieren uns. Die Bilder bleiben uns im Gedächtnis: Küste, Skyline, Gipfel. Unser Blick wandert immer wieder Richtung Horizont. Straßen, Brücken, Flüsse führen in die Ferne und locken uns heraus aus der vertrauten Umgebung. Selbst Heimatgefühle sind stärker, wenn man Fremdes gesehen und erfahren hat, statt die Augen davor zu verschließen.
Um das Gewohnte richtig zu schätzen, brauchen wir Abstand. Aus angemessener Entfernung erscheint Bedrohliches manchmal kleiner und Schönes kommt besser heraus. In der Ferne gibt es aber auch viel Neues zu entdecken: Zu sehen, was noch alles möglich ist, weckt die Lebensgeister. Es ist nicht nur der Reiz gelegentlicher Abwechslung, sondern die Ahnung, dass verstreut über die Weite noch Puzzleteilchen zu finden sind, mit denen sich die weißen Flecken im Bild unseres Lebens füllen lassen.

1. Ungläubig gläubig?

Ich ging abends über den Kornmarkt in Nürnberg. Vor mir zückte ein Mann seine kleine Kamera und machte ein Foto. Versuchte es. Der winzige Blitz war mit den hundert Meter entfernt stehenden dunklen Gebäuden hoffnungslos überfordert. Selbst eine Kamera mit mächtigem Profi-Blitz hätte da wenig ausgerichtet. Mich wundert in solchen Momenten immer wieder, dass Leute so etwas überhaupt versuchen. Entweder haben sie ihre Kamera erst ein paar Tage, oder sie haben sich nie Gedanken darüber gemacht, was das Gerät leisten kann und was nicht. Ich vermute, es ist öfter Letzteres der Fall.

Als ich da so stand, fiel mir ein, dass wir es mit unserem Verstand ähnlich machen. Ein „Geistesblitz" ist durchaus in der Lage, bestimmte Dinge zu erhellen. Aber manche Gegenstände sind zu groß, um sie ganz aufs Bild zu bekommen, folglich müssen wir für den passenden Blickwinkel zu weit weg, und dann reicht das kleine Blitzlicht doch nicht mehr aus. Es erhellt eben nur das Vordergründige oder nur einen begrenzten Ausschnitt.

Ein Fotograf kann in so einem Fall ein Stativ benutzen, wenn sein Bild nicht verwackelt oder grauschwarz ausfallen soll. Man trägt also etwas mehr mit sich herum und so richtige Schnappschüsse wollen damit nicht gelingen. Stattdessen ist Geduld gefragt, wenn man seine Umgebung in ihrem eigenen Licht abbilden will. Vielleicht ist es im Leben auch so: Wir müssen uns Zeit lassen, wir brauchen ein „Stativ" (vielleicht ein ruhiger Ort oder ein Ritual, das uns „entschleunigt"), und wir müssen darauf warten, dass sich das, was wir erkennen möchten, in seinem eigenen Licht zeigt.

Ich sage es gleich vorweg: Der eigentliche Gegenstand dieses Buches, Gott nämlich, ist – wenn es ihn denn gibt – eigentlich einen Tick zu groß für uns. Jeder Versuch, ihn irgendwie zu „beweisen", ist von vorneherein zum Scheitern verurteilt. Wenn wir ihn beweisen könnten, wenn er ein Objekt unter anderen wäre, auf das wir zeigen könnten, wäre er nicht der Grund und Ursprung aller Dinge. Das ist umgekehrt aber keine Aussage darüber, dass er ein Hirngespinst wäre oder dass es keinen Sinn haben könnte, nach ihm zu fragen. Was für eine armselige Welt wäre das, wenn es nur das gäbe, was wir mit unseren fünf Sinnen und ein paar Millionen grauen Zellen erfassen können! Und wo wir schon dabei sind: Gibt es unter den Dingen, die wir verstehen, überhaupt einen Sache, in der wir Menschen nicht geteilter Meinung sind? Gott überragt unser Denk- und Sprachvermögen. Und zwar nicht, weil er so unendlich weit weg wäre. Vielleicht ist er uns sogar viel zu nah, und egal, wohin wir sehen, wir bekommen ihn nie ganz ins Bild.

Aber vielleicht nehmen Sie sich ja die Zeit weiterzulesen. Vielleicht ist dieses Buch wie ein Stativ und Ihre inneren Augen gewöhnen sich allmählich an das vorhandene Licht. Vielleicht kommt ja auch aus einer ganz unerwarteten Richtung überraschend ein Lichtblitz und macht ein Erkennen möglich.

Glauben und Wissen – wer bietet mehr?

Wissen betrifft also die Dinge, die wir mit dem Verstand und den Sinnen erfassen, mit unseren Begriffen beschreiben können. Dass hier von „greifen" und „fassen" die Rede ist, zeigt schon: Es geht um Gegenstände, Objekte, Sachen, die sichtbar „da sind". Zugleich gibt es Dinge höherer Ordnung, die wir nicht in demselben Sinne „wissen" können, sondern nur glauben. „Nur" bedeutet hier nicht, dass „Glauben" eine minderwertige Form des Überzeugtseins darstellt und „Wissen" die überlegene. Sondern dass es da, wo Beweise und Vernunft an ihre Grenze stoßen, keinen anderen Weg gibt, als mich auf etwas zu verlassen oder jemandem zu vertrauen. Etwa in den *persönlichen* Dingen und Beziehungen: Denn ob ein anderer Mensch mich liebt, kann ich nie zweifelsfrei wissen. Theoretisch könnte er mich täuschen. Es könnte auch sein, dass die Aussage gestern noch wahr war, aber heute nicht mehr. Trotzdem: Dass meine Familie und meine Freunde mich lieben, ist für meine Lebensqualität viel wichtiger, als den Satz des Pythagoras zu wissen. Ich glaube es, weil sie es mir sagen, mit ihren Worten und durch ihr Verhalten. Ich besitze ihre Liebe nicht wie den Geldschein in meiner Tasche. Ich kann kein Foto dieser Liebe machen und herumzeigen. Sie verbirgt sich in vielen Blicken, Gesten, Berührungen und Worten. Sie schenkt sich mir immer wieder neu.

Armin Maiwald von der „Sendung mit der Maus" erklärte kürzlich in einem Interview mit der „Zeit", warum er noch nie eine Sendung über Gott gemacht hatte, obwohl viele Kinder ihm Fragen schickten. Gott ist nun mal kein Gegenstand wie die anderen Dinge, die er seinen kleinen und großen Zuschauern normalerweise vorführt und erklärt. Und so wirft für Maiwald ausgerechnet die Beschäftigung mit der Wissenschaft Fragen des Glaubens auf:

Ich bin kein gläubiger Mensch im Sinne der kirchlichen Institutionen. Aber je mehr ich in wissenschaftliche Grenzbereiche eindringe, desto mehr zweifele ich, dass das alles nur Zufall sein kann. Ich habe mal eine Geschichte über Frösche gedreht. Der Biologieprofessor konnte auf den Tag genau sagen, wann ein Frosch lurcht. Aber auf die Frage „Warum macht er das?" kam nur die Antwort: „Das kann ich Ihnen nicht beantworten. Da kann man nur gläubig werden." [1]

Nicht glauben geht auch nicht

Nicht erst heute ist das Glauben für viele schwer geworden. In manchen Gegenden und gesellschaftlichen Milieus war Religion ein Tabu oder sie schien völlig irrelevant zu sein. Der Atheismus, ein paar Generationen zuvor noch eine Freiheit, die Rebellen gegen die herrschende Meinung, obrigkeitliche Bevormundung und kirchliche Indoktrination erstritten hatten, wurde nun seinerseits vererbt und mancherorts sogar ein fragloser Bestandteil staatstragender öffentlicher Meinung. Er erforderte allmählich kein Zweifeln, Fragen und Ringen mehr. An manchen Stellen durfte er nun nicht mehr angezweifelt werden, ohne dass man Nachteile in Kauf nehmen musste. Doch selbst da, wo man ihn theoretisch nicht mit allen Konsequenzen durchzog, wollten einem die Worte Gott, Glauben und Religion auf einmal nicht mehr so recht über die Lippen kommen. Bei gesellschaftlichen Anlässen war Glaube als Gesprächsthema genauso tabu wie Politik. Das geistige Klima schien sich gewandelt zu haben. Ob prinzipielle Gottlosigkeit aus Überzeugung oder nur „praktischer" Atheismus, der den Alltag gottvergessen zubringt: Soziologen sprachen zwischenzeitlich davon, dass die zur Erklärung der Welt überflüssig gewordenen Religionen allmählich aussterben würden. Und Fernando Pessoa, wohl der größte Schriftsteller Portugals im letzten Jahrhundert, beschrieb im „Buch der Unruhe" den Zwiespalt, der sich damit auftat:

---

[1] http://images.zeit.de/text/campus/2008/03/armin-maiwald-mensatalk

Ich wurde zu einer Zeit geboren, in der die Mehrheit der jungen Leute den Glauben an Gott aus dem gleichen Grund verloren hatte, aus welchem ihre Vorfahren ihn hatten – ohne zu wissen, warum. Und weil der menschliche Geist von Natur aus dazu neigt, Kritik zu üben, weil er fühlt, und nicht, weil er denkt, wählten die meisten dieser jungen Leute die Menschheit als Ersatz für Gott. Ich gehöre jedoch zu jener Art Menschen, die immer am Rande dessen stehen, wozu sie gehören, und nicht nur die Menschenmenge sehen, deren Teil sie sind, sondern auch die großen Räume daneben. Deshalb habe ich Gott nie so weitgehend aufgegeben wie sie und niemals die Menschheit als Ersatz akzeptiert. Ich war der Ansicht, dass Gott, obgleich unbeweisbar, dennoch vorhanden sein und also auch angebetet werden könne, dass aber die Menschheit, da sie eine rein biologische Vorstellung ist und nichts anderes bedeutet als eine Gattung von Lebewesen, der Anbetung nicht würdiger sei als irgendeine andere Gattung von Lebewesen. Dieser Menschheitskult mit seinen Riten von Freiheit und Gleichheit erschien mir stets wie ein Wiederaufleben jener alten Kulte, in denen Tiere Götter waren oder die Götter Tierköpfe trugen.[2]

Pessoa fürchtete, der Glaube an den Menschen als „höheres Wesen" könnte lediglich eine weitere Form desselben Aberglaubens sein, der sich schon in primitiven Götterbildern niedergeschlagen hatte: unser Fortschrittsoptimismus, all die Träume von grenzenlosem Wachstum, ungehinderter Selbstverwirklichung, der ganze Optimierungswahn, der die Umsätze von Selbsthilfebüchern steigert, das Heer plastischer Chirurgen reich macht, die Expansion von Imperien und Müllbergen vorantreibt.

---

[2] Fernando Pessoa, Das Buch der Unruhe, Zürich 2006, S. 13 (Eintrag vom 9. 3. 1930)

Wo wir gerade bei Tierbildern sind: Vor der Frankfurter Börse stehen ein Bulle und ein Bär aus Bronze. Sie symbolisieren die unsichtbaren, unberechenbaren Kräfte, die unsere Wirtschaft steuern. Die Banker zünden keine Kerzen oder Räucherstäbchen an. Aber die Börsennachrichten reden vom „Markt", als sei er ein Wesen mit Gefühlen und Verstand. Propheten (hier heißen sie „Analysten") geben täglich Vorhersagen ab, ob das Wesen heute gute Laune hat oder ob ein schwarzer Freitag droht. Der Philosoph Walter Benjamin schrieb schon 1921, der moderne Kapitalismus habe längst religiöse Züge angenommen. Anlässlich der jüngsten Wirtschaftskrise erinnerte die „Zeit" im Jahr 2008 an Benjamins Diagnose der Schwächen dieser Glaubensrichtung:

Sie erlöst nicht, sie dient auch nicht der „Reform des Seins", sondern verschuldet die Menschen untereinander. (...) Für diese Lehre ist der Markt der Allmächtige; er sieht alles und bestraft die Sünder. Nur wer Opfer bringt, Steuern senkt und dem Staat Ketten anlegt, stimmt das Kapital gnädig. Die Wall Street selbst, ihre „Jahrhundertkrise" (Alan Greenspan), hat die kapitalistische Religion entzaubert. Die unsichtbare Hand des Marktes ist unsichtbar, weil sie gar nicht existiert.[3]

Ob die Krise ausgereicht hat, eine Götterdämmerung im launischen Finanzolymp zu bewirken, darf inzwischen getrost bezweifelt werden. Im Herbst 2009 hieß es, die Banker bekämen ihre Boni schon wieder. Der Kaiser hat seine Kleider wieder. Der Glaube – an das Geld, den Markt, die Wirtschaft – ist zurückgekehrt. Die Zweifler verstummen oder sie werden ignoriert. Unser Problem ist nicht, dass wir nicht glauben könnten. Es ist eher so, dass wir viel zu leichtgläubig sind und

[3] http://images.zeit.de/text/2008/40/Kapitalismus

nur allzu gern die Parolen nachplappern, die wir tagtäglich vorgesagt bekommen, solange wir uns davon Wohlstand, Bequemlichkeit und Sicherheit versprechen – dass alles so bleibt, wie es ist.

Um diesem Glauben den Rücken zu kehren, um im Sinne des Geldglaubens und Konsumkultes A-theist zu werden, braucht man Rückgrat. Die ersten Christen weigerten sich, den Kaiser anzubeten und dem römischen Staatskult zu huldigen. Dessen Sinn war nämlich, zu garantieren, dass die bestehende Ordnung erhalten bleibt, sprich: dass sich nur ja nichts ändert. Die Christen galten daher als Feinde der Ordnung – als Gottlose, als A-theisten. Trotz aller Fehler und Verbrechen, die verblendete Christen und ganze Kirchen im Lauf der Jahrhunderte begangen haben, hat es auch diese macht- und systemkritische Strömung der Christenheit immer gegeben. Aber bevor wir diese Spur weiterverfolgen können, müssen wir noch einmal einen Blick auf den Markt werfen, denn der hat schon längst auch den religiösen Bereich radikal verändert. Die Frage ist: Kann man seinen Glauben wechseln wie seine Telefongesellschaft oder seinen Stromanbieter?

Die Qual der Wahl:
Warum uns die Suche niemand abnimmt

Neulich hat sich eines unserer Kinder beim Sport verletzt. Es war Wochenende. Meine Frau brachte es zum orthopädischen Notdienst, erhielt dort eine erste Diagnose und wurde zur Erstellung eines Computertomogramms in die Uniklinik geschickt. Dort sprach sie mit einem Assistenzarzt, der das CT für überflüssig hielt und eine Halskrause verschrieb. Wenn es bis zum nächsten Tag nicht besser wird, hieß es, müssten wir noch einmal zum Arzt, das wäre dann der dritte gewesen. Und wenn wir Pech haben, dachten wir, wäre das dann die dritte Meinung.

Ähnlich muss es vielen mit den verschiedenen Religionen und Konfessionen gehen. Könnten sie sich nicht alle mal an einen Tisch setzen, feststellen, was Sache ist, und es uns dann sagen? Wie schön wäre es, wenn sie in den wesentlichen Fragen von Diagnose unserer persönlichen und gesellschaftlichen Situation übereinstimmen und dieselbe Therapie verschreiben würden. Ebenso wünschen wir uns, dass die Ökonomen sich in der Bewertung der Konjunktur einig wären und unseren Politikern nicht eine verwirrende Vielfalt von Prognosen und Maßnahmenkatalogen gäben.

Wir müssen aber zum Arzt, wir müssen uns um unsere Wirtschaft kümmern (selbst wenn es immer wieder Situationen gibt, wo Nichtstun und Aussitzen auch zu sehr annehmbaren Resultaten führt) – und wir müssen uns selbst (und gelegentlich auch anderen) Rechenschaft darüber geben können, was wir glauben und warum es uns sinnvoll erscheint. Wir müssen – um ein weiteres Beispiel zu bemühen – in regelmäßigen Abständen zur Wahl gehen und uns zwischen vielen unterschiedlichen Parteien und Kandidaten für den Besten entscheiden.

Die Vielstimmigkeit in all diesen Bereichen ist kein gutes Argument dafür, sich erst gar nicht richtig mit den Themen auseinanderzusetzen. „Religionen finde ich gut …“, sagte kürzlich auf der Straße ein junger Mann zu seiner Begleiterin, „aber mich stört, dass alle meinen, *sie* hätten die richtige.“ Worauf sie mit einem dumpfen, abgrundtiefen Stöhnen antwortete: „Ja!“ Mag sein, dass sie sich mehr Toleranz wünschte, obwohl es um die in unseren Breiten so schlecht nicht bestellt ist. Seltsam ist nur, dass niemand auf die Idee kommen würde, Fußballvereine dafür zu tadeln, dass sie immer gewinnen wollen. Ganz einfach deshalb, weil jeder weiß, dass viele Fußballer auch dann noch mit Freude trainieren und spielen, wenn sie in der Tabelle unten stehen. Es tut ihnen gut und sie genießen den Teamgeist.

Zurück zur Frage nach der richtigen Wahl: Steht denn bei der Entscheidung für eine Glaubensrichtung, Weltanschauung oder Religion akut etwas auf dem Spiel? Eine ganze Menge, wenn man es ernst nimmt: Wofür werde ich Zeit, Kraft und Mittel einsetzen und wofür nicht? Wie definiere ich Erfolg? Worauf setze ich meine Hoffnung, und was bringt mich dazu, an ihr auch unter erschwerten Bedingungen festzuhalten? Mit welchen Menschen lasse ich mich ein und wen nehme ich mir zum Vorbild? Wo gehöre ich hin?

Niemand ist gezwungen, sich darüber Gedanken zu machen. Es tut nicht weh, wenn wir es unterlassen. Aber schlicht auf die Diagnose derer zu setzen, die mir sagen, was ich hören will, ist auch keine gute Idee. Die Entscheidungen fallen dann eher unbewusst – unsere familiären und sozialen Skripte regeln das Überleben schon irgendwie: Es gibt so eine Art quasireligiöse „Werkseinstellungen". Bleiben sie unverändert, „funktionieren" wir eben. Wenn wir also meinen, dass wir unsere Autonomie bewahren, indem wir uns erst gar nicht mit Religion befassen, die unsere Freiheit eventuell einschränken könnte, dann ist das ein Irrtum. Irgendwer hat schon längst festgelegt, was für uns selbstverständlich ist. Wir haben uns bloß noch nie gefragt, wer es war und mit welcher Absicht das geschah.

Die Typ-Frage: Welche ist die Richtige?

Gibt es Abkürzungen? Eine große Zeitung bot kürzlich einen Internet-Test an: „Welche Religion passt zu Ihnen?" Freundliche Redakteure nehmen einem das Denken, Fragen und Vergleichen ab, man klickt seine Präferenzen an und nach zehn Minuten spuckt das System eine Empfehlung aus. Was dabei unterschlagen wird, ist die Tatsache, dass es in allen Religionen keineswegs nur einen bestimmten Typ Mensch gibt, sondern unendlich viele. Und dass die verschiedenen Glaubensgemeinschaften in sich ganz unterschiedliche Strömungen haben: konservative und progressive, friedliche und aggressive, weltoffene und eher weltfremde.

Wenn die Typ-Frage einen Sinn haben soll, dann wohl eher den, dass wir lernen, schädliche Spielarten jeglicher Art von Religion zu erkennen und zu meiden. Und dazu gehören nicht nur destruktive Kulte, sondern alles, was Menschen ihre Würde nimmt und ihren Willen schwächt, was Angst oder Hass schürt, wo Geld gescheffelt und Kartelle gezimmert werden.

Aber neben den toxischen Formen des Glaubens kann man natürlich auch an den harmlosen und versponnenen verzweifeln. Matthias Matussek vom „Spiegel" karikierte die deutsche Glaubensmisere der letzten Jahre als Folge der inneren Erstarrung und Nabelschau und nannte Deutschland *... eine spirituelle Wüste und Elendsregion der leeren Kirchen, mit ein paar letzten Mohikanern, die ständig die verstaubten Amtskirchen „von unten" reformierten und um Drewermann und andere Hirtenpullover herumsaßen und die Bibel als Dokument sexueller Verdrängungen analysierten.*[4]

---

[4] Matthias Matussek, Wir Deutschen. Warum die anderen uns gern haben können. Frankfurt 2006, S. 85

Die Frage „Welche Religion passt zu mir?" ist für sich genommen ungefähr so sinnvoll wie „Welche Fremdsprache soll ich lernen?". Auch darauf gibt es keine „richtige" Antwort. Wollen Sie mit möglichst vielen Menschen auf der Welt reden, dann wären Englisch, Spanisch oder Chinesisch angesagt. Geht es um hohe Lebensqualität, dann wäre Norwegisch eine gute Idee, denn Norwegen ist in allen Vergleichsstudien eines der reichsten und wohlhabendsten Länder überhaupt. Wollen Sie eine möglichst einfache Sprache lernen, dann sollte sie sich von Ihrer Muttersprache möglichst wenig unterscheiden – wie wäre es mit Niederländisch? Sind Sie ein Liebhaber der Künste, dann wäre Italienisch eine gute Wahl. Aber vielleicht verlieben Sie sich in jemanden aus Griechenland. Und dann pfeifen Sie auf die seltsame Schrift und lernen Griechisch, obwohl es nur 11 Millionen Leute sprechen und die wenigsten davon reich sind, weil es für Sie die wichtigste Sprache der Welt geworden ist.

Man lernt Glauben nicht aus Büchern. Es verhält sich tatsächlich mehr wie mit einer Sprache. Klar kann man sich Grundbegriffe anlesen. Aber wirklich lebendig wird es erst, wenn man sich unter Menschen bewegt, die diese Sprache sprechen. Wenn man ihnen zuhört und sich allmählich an ihren Gesprächen beteiligen kann. Wenn man ihre Redensarten und ihre Literatur kennenlernt. Wenn man versteht, dass es für bestimmte Dinge kein passendes Wort gibt und für andere viel mehr als nur eines, weil die Menschen in diesem Land sich mit bestimmten Themen viel eingehender beschäftigt haben als wir Deutschen. Mit der neuen Sprache werden Sie auf neue Denkmöglichkeiten stoßen und die gewohnten Muster plötzlich kritisch betrachten. Und Sie werden Schönes entdecken, das Sie bereichert. Selbst wenn Sie sich dann in diesem Land nicht dauerhaft niederlassen, war es keine Zeitverschwendung, die Sprache zu lernen. Freunde von mir waren kürzlich gemeinsam in Italien im Urlaub. Eine Person aus der Gruppe konnte Italienisch sprechen, und ein anderer sagte mir nach der Rückkehr immer noch spürbar beeindruckt: „Du hättest sie sehen sollen, wenn sie Italienisch spricht. Sie ist ein ganz anderer Mensch!"

Dieses Buch kann nicht mehr sein als ein kleiner Sprach- und Reiseführer ins Gebiet des christlichen Glaubens. Es kann neugierig machen und ein paar Missverständnisse oder Vorurteile ausräumen helfen. Hinfahren müssen Sie selber. Manche, die sich auf den Weg gemacht haben, sind als andere Menschen zurückgekommen. So oder so – mein Wunsch ist es, dass Sie es mit Gewinn lesen – und hoffentlich auch mit Genuss.

2. Sehnsucht: Von Möwen, Meer und dem Vergessen

Ich hasse Mützen und friere nur selten an den Ohren. Seit ich erwachsen bin, hatte ich genau eine Ohrenentzündung, und auch die kam nicht von der Kälte, sondern von einer Entzündung der Nebenhöhlen. Ich war drei Wochen in Behandlung. Zurückgeblieben ist ein leises Pfeifen links. Ich höre es unter normalen Umständen nicht. Nur wenn es ganz still ist, wenn ich müde bin, oder krank.

Ganz ähnlich ist es mit der Sehnsucht. Sie ist meistens so leise und unser Leben so laut, dass wir sie nicht hören. Aber wenn es still wird, wenn wir allein sind mit uns selbst und unseren Gefühlen, wenn außergewöhnliche Traurigkeit oder – schlimmer noch – Freude und Glück über uns hinwegschwappen, dann regt sie sich.

Sehnsucht ist eines der deutschen Wörter, die sich wegen ihrer Bedeutungsfülle nicht so recht in andere Sprachen übersetzen lassen. Wir haben sie quasi patentiert. Nun ist es aber doch passiert, dass ausgerechnet ein Brite die Stimmung so treffend beschreibt, dass es sich für Deutsche lohnt, hinzuhören. J. R. R. Tolkien im fünften Buch von „Der Herr der Ringe“:

Und jetzt schwieg Legolas, während die anderen redeten, und er blickte hinaus gegen die Sonne, und als er schaute, sah er weiße Seevögel den Fluss herauffliegen.

„Schaut!", rief er. „Möwen! Sie fliegen landeinwärts. Ein Wunder sind sie für mich und eine Beunruhigung für mein Herz. Nie in meinem ganzen Leben habe ich welche gesehen, bis wir nach Pelar-

gir kamen, und dort hörte ich sie in der Luft kreischen, als wir zum Kampf um die Schiffe ritten. Da blieb ich stehen und vergaß den Krieg in Mittelerde; denn ihre klingenden Stimmen sprachen zu mir vom Meer. Das Meer! Ach, ich habe es noch nicht erblickt. Doch tief im Herzen unserer ganzen Sippe liegt die Meeressehnsucht, an die zu rühren gefährlich ist. Ach, diese Unglücksmöwen! Keinen Frieden werde ich wiederfinden unter Buche oder Ulme."

Mitten in der großen Schlacht um Mittelerde steht die Zeit plötzlich still für Legolas, den Elben. Nicht nur das, sondern der Schrei der Möwe, den der Waldbewohner zum ersten Mal in seinem Leben hört, übertönt das Schlachtengetümmel und malt ihm, ohne dass er es je gesehen hätte, das Meer mit seinem weiten, offenen Horizont vor Augen.

Die Gegenwart tritt zurück, oder vielleicht müsste man besser sagen: Sie wird vorübergehend in die Ewigkeit aufgehoben. Denn die Elben stammen von jenseits des Meeres und sie kehren eines Tages dorthin zurück. Sehnsucht empfindet also der, der seine Wurzeln nicht vergessen hat und der zugleich noch nicht angekommen ist. Wenn sie aber einmal im Herzen aufgebrochen ist, kehrt sie immer wieder zurück – bei Elben wie bei Menschen.

Nun könnte man argwöhnen, das sei nur eine romantische Verklärung der harten Realität, eine unbewusste Schutzreaktion auf Stress und Überreizung, kurz: bestenfalls eine nützliche Illusion. Aber diese Erlebnisse bleiben uns im Gedächtnis, sie wirken weiter. Der klagende Schrei einer Möwe am Strand kann nicht nur folgenlose Melancholie auslösen, sondern wilde Sehnsucht entfesseln. Urplötzlich meldet sie sich zurück und stellt uns vor die Frage: War das schon alles? Ist es also Zufall, dass sich die Sehnsucht besonders dann regt, wenn wir etwas Wunderbares erlebt haben? Oder gibt es eine verborgene Dimension der Wirklichkeit, die sich nur dem erschließt, der sucht, fragt und hofft? Kratzt unser Denken, unser Kalkulieren und Bemühen nur an der Oberfläche?

Ist es andererseits vielleicht die Beunruhigung, wenn uns etwas Wunderbares begegnet, die uns zurückschrecken lässt – weil wir ahnen, dass da ein gefährlicher Hunger und Durst in uns lebt, der unkontrollierbar werden und unser geregeltes, gewohntes Leben im nächsten Moment in Brand stecken könnte? Klammern wir uns deswegen lieber an das Messbare und Machbare, das Vertraute und Wahrscheinliche und stillen unsere Sehnsucht allenfalls mit Schokolade, im Urlaub oder im Kino? Sind die kleinen und manchmal auch nicht so kleinen Süchte, die uns anfallen, vielleicht auch ein Symptom unserer Flucht vor dieser Naturgewalt? Und wohin würde sie uns mitreißen, wenn wir das Risiko denn eingingen?

Zauberhafte Schönheit

Soweit ich sehe, sind bisher alle Versuche unserer Wissenschaftler, Schönheit zu vermessen und auf eine allgemeine Formel zu bringen, gescheitert. Was für ein Glück, dass sie nicht in Großserie produziert oder gar gefordert und verordnet werden kann! Dinge, Menschen und Situationen offenbaren ihre Schönheit nicht auf Befehl – und es ist eben ihre eigene, nicht die eines abstrakten Prinzips dahinter! Wenn das nun geschieht, dann berührt es uns ganz unvermittelt. Irgendwie fühlen wir uns beschenkt, ob nun von einem Sonnenstrahl, einer Rose, einem Kunstwerk oder der Anmut einer Person – „Es spricht mich an", sagen wir. Wir versuchen solche Momente zwar einzufangen, zum Beispiel mit einer Kamera, aber es gelingt uns nicht oder nur ganz unzureichend. Wir können dieses Geschenk genießen, aber nicht festhalten. Unterschiedliche Menschen finden unterschiedliche Dinge schön, aber alle wissen aus eigener Erfahrung, dass es so etwas wie Schönheit gibt. Der Online-Journalist Johnny Haeusler von „Spreeblick" schrieb vor ein paar Jahren in einer Rezension des Albums *American V* von Johnny Cash: *Lieber Gott, ich glaube nicht, dass du das hier liest. Ich glaube ja nicht einmal, dass es dich gibt. Ich glaube, dass du das virtuelle Konstrukt eines kollektiven Wunsches bist, der so alt ist wie die Menschheit selbst. Und während ich das tippe, ist mir sehr bewusst, wie unlogisch es ist, eine Existenz gleichzeitig zu negieren und zu definieren. Und sich dabei an ebendiese Existenz zu wenden. Gestern musste ich ein bisschen weinen. Keine Tränen der Trauer, des Schmerzes oder des Leids, nein, es waren diese Tränen, die fließen, wenn einem echte Schönheit begegnet. Ich meine echte Schönheit, der es binnen weniger Momente gelingt, dieses Leben, das einem doch oft recht albern vorkommt, äußerst sinnvoll erscheinen zu lassen. (…) Wer beim halbwegs konzentrierten Zuhören keinen Kloß im Hals bekommt ob dieses Vortrags, der gehört zu denjenigen unter dem Einfluss zu vieler US-Soaps aufgewachsenen Zeitgenossen, die unter „Emotion" die Worte „Oh my God!" beim Anblick eines etwas größeren Eisbechers verstehen. Dies ist, lieber Gott, ein fantastisches Album. Für mich und auch für dich. Denn nicht zum ersten oder einzigen Mal sind Cashs Songs direkt an dich gerichtet, doch selten hat das derartig meine Kehle zugeschnürt wie in diesem Fall. Und kommt der Mann in Schwarz nach den ersten sechs Songs zu einer seiner zwei eigenen Kompositionen, zu „I Came To Believe" nämlich, dann, lieber Gott, bin ich wirklich fast so weit, es ihm mit dem Zumglaubenkommen gleichzutun.*[5]

[5] http://www.spreeblick.com/2006/07/27/lieber-gott/

Es liegt weder in meiner und sicher nicht in Haeuslers Absicht, hier Schönheit kurzerhand mit Gott gleichzusetzen oder vorschnell als Beweis für seine Existenz zu werten. Aber so viel lässt sich vielleicht sagen: Gerade in dem Moment, wo uns etwas Schönes so berührt, da empfinden wir diesen charakteristischen Überschuss, der in dem Ereignis steckt. Und auf einmal erscheint *alles*, das ganze Leben, in einem anderen Licht.

Der Nobelpreisträger Günter Blobel stiftete einen großen Teil des Preisgeldes für den Wiederaufbau der Dresdener Frauenkirche. In einem Beitrag für die „Süddeutsche Zeitung" verwies er zur Begründung für sein Engagement auf einen anderen Nobelpreisträger, Alexander Solschenizyn. Der griff in seiner Nobelpreisrede von 1970 Dostojewskijs berühmten Satz auf: „Die Schönheit wird die Welt retten." Dann fügte er hinzu, das sei keine Phrase, sondern eine Prophezeiung.[6]

Der Hunger nach Gerechtigkeit

Die Begegnung mit echter Schönheit hält die Hoffnung auf eine bessere Welt in uns wach. Unsere Sehnsucht nach Gerechtigkeit stellt uns vor ganz ähnliche Fragen. Sie ist ja nicht nur ein Ideal sauertöpfischer „Gutmenschen", die davon leben, andere schlecht aussehen zu lassen. Intuitiv wissen wir alle, dass wir nicht darauf verzichten können, uns um Gerechtigkeit zu bemühen, ohne etwas Wesentliches zu verlieren: etwas, das unser Leben trägt und ihm Richtung gibt. Beinahe verzweifelt kämpfen wir darum, glauben zu können, dass es Gerechtigkeit gibt. Denn wenn wir diesen Glauben verlieren würden, regierten nur noch der Nutzen und die Macht. Es

---

[6] Süddeutsche Zeitung vom 23. 06. 2009

gäbe, was die Lebenseinstellung betrifft, keine Alternative mehr zum Zynismus, der jedes Bemühen um eine menschlichere, gerechtere Welt aufgegeben hat.

Große Romane und Dramen der Weltliteratur, aber auch Alltagsunterhaltung wie Krimis, Thriller und Kriegsfilme thematisieren immer wieder die gleichen Fragen: Wird am Ende die Gerechtigkeit triumphieren? Muss man dem Unrecht widerstehen? Welche Mittel sind dabei erlaubt oder gar geboten? Was würde geschehen, wenn wir diesen Kampf scheuen? Was, wenn wir ihn verlieren? Fiktive und reale Beziehungs- und Familiendramen kreisen um Situationen, wo Menschen einander bewusst oder unwillentlich nicht gerecht werden und daran zerbrechen. Und wie sie mit diesen Wunden umgehen und hin und wieder sogar Heilung finden.

Unsere Parlamente ändern und verbessern ständig Gesetze und Ordnungen, um mehr Gerechtigkeit zu schaffen. Und trotzdem – immer wieder stellen wir fest, dass wir ein Unrecht beseitigt, aber dafür ein anderes möglich gemacht haben. Gesetzeslücken lassen es zu, dass man ganz legal Dinge tun kann, die von den meisten als ungerecht empfunden werden – zum Beispiel die fürstlichen Abfindungen der Manager, um die im berühmten Mannesmann-Prozess gestritten wurde. Wir können uns also an wahre Gerechtigkeit immer nur annähern. Oft aber können wir sie nicht einmal präzise definieren. Wir streiten leidenschaftlich, wenn unsere konkreten Vorstellungen von dem, was in einer bestimmten Situation gerecht wäre, auseinandergehen. Wir streiten aber auch deshalb, weil wir glauben, dass es trotz dieser Differenzen Gerechtigkeit geben *muss*.

Manchmal gibt es sie dann nämlich doch: diese zutiefst befriedigenden Momente, wo wir erleben, wie endlich

Gerechtigkeit geschieht: Ein Mafiaboss, der Hunderte von Menschen auf dem Gewissen hat, wird verhaftet. Ein korrupter Politiker verliert seine Immunität und dann sein Amt. Ein unterdrücktes Volk schüttelt ein Unrechtsregime ab. Die Opfer eines Umweltskandals bekommen eine Entschädigung zugesprochen. Die Ehre und der gute Ruf eines Diffamierten werden wiederhergestellt. Die Welt atmet auf: Es *gibt* Gerechtigkeit. Sie blitzt kurz auf in unserem Alltagsgrau aus trüben Machenschaften und halbherzigen Anläufen hin zu einer wahrhaft gerechten Welt. Ihre seltenen Triumphe geben uns den Mut, weiterzukämpfen. Ist es wirklich nur eine nützliche Lüge oder eine fixe Idee, wenn wir darauf hoffen, dass es eines Tages eine gerechte Welt geben wird?

Jedenfalls scheint Jesus vielen von uns aus dem Herzen zu sprechen, wenn er in der Bergpredigt all die Menschen lobt, die nach Gerechtigkeit hungern und dürsten, und ihnen Gottes besondere Aufmerksamkeit und Fürsorge zusagt. Und damit auch zu erkennen gibt, dass oft genug ja auch gleichgültige Sattheit und müde Selbstzufriedenheit das Unrecht prächtig gedeihen lassen. Das Problem bei unserer Sehnsucht nach Gerechtigkeit ist nicht, dass sie ihr Ziel nie ganz erreicht.

Liebe, die verändert

Letztlich werden wohl nicht unsere Gesetze, die immer etwas Äußerliches bleiben und immer mit mehr oder weniger sanftem Zwang arbeiten, eine bessere Welt für alle Menschen (und damit auch für uns selbst) hervorbringen, sondern die Liebe. Sie hat die Kraft, Menschen und Beziehungen dauerhaft zu verändern. Und so ist sie ein weiterer Gegenstand unserer Sehnsucht, und sicher nicht der geringste. Wer mit den Beatles sagt: „all you need is love", der kann überall auf fast hundertprozentige Zustimmung hoffen.

Wer wirklich liebt, wird anderen zumindest bewusst keinen Schaden zufügen. Echte Liebe macht nicht nur in dem Sinne selbstlos, dass wir für das Wohl eines anderen Menschen unsere eigenen Ziele und Bedürfnisse zurückstellen, sondern sie bringt uns so weit, dass uns alles andere unglücklich machen würde. Wir wählen also nicht mehr zwischen dem eigenen Glück und dem Glück des anderen, sondern wir vergessen, überhaupt noch Berechnungen anzustellen und die Welt in Gewinner und Verlierer einzuteilen. Wer wirklich liebt, erfährt die paradoxe Weisheit, dass man umso reicher wird, je mehr man verschenkt.

Natürlich kennen wir alle auch Situationen, in denen wir unter der Unvollkommenheit menschlicher Liebe leiden. Ab und zu verwechseln wir sie mit dem Ausnahmezustand des Verliebtseins, der uns zwar von Ewigkeit reden lässt, sich aber spätestens nach ein paar Jahren wieder verflüchtigt. Hollywood und die großen Musikkonzerne machen mit der romantischen Karikatur der Liebe jedes Jahr Milliardenumsätze, und zwar genau deshalb, weil das Verfallsdatum so bald erreicht ist, ab dem der Herzschmerz wieder zuschlägt und die Suche nach „der nächsten Liebe meines Lebens", wie Annett Louisan süffisant singt, in eine neue Runde geht. Im besten Fall allerdings wird aus dem Verliebtsein wahre Liebe, die sich auch dann noch an den anderen verschenkt, wenn sie ihn nicht mehr durch die rosa Brille sieht. Aber das ist kein Automatismus, und die Statistiken über Trennungen und Scheidungen, oder nur der schlichte Blick auf die ganz alltäglichen Kämpfe der Paare, die zusammen leben, zeigt uns, dass Liebe immer wieder neu gefunden und manchmal sogar erkämpft werden muss.

Und natürlich kennen wir auch die erdrückende, vereinnahmende und kontrollierende „Liebe" von Eltern zu ihren Kindern, aber auch in manchen Freundschaften, die den anderen insgeheim als Teil von sich selbst betrachtet und mit gut gemeinten Gesten tyrannisiert, weil sie nicht erkennt, dass da ein eigenständiges Wesen andere Bedürfnisse hat, als man denkt. Diese übertrieben fürsorgliche „Affenliebe", die nicht loslassen will, ist auf den ersten Blick von echter Liebe auch nicht immer zu unterscheiden.

Liebe ist nicht machbar und kaufen kann man sie schon gar nicht. Sie bleibt immer ein Geschenk und wir empfinden das auch so. Selbst in den kostbaren Momenten, wo wir sie finden, ist sie oft schwach und zerbrechlich. Sie hält den Belastungen des alltäglichen Lebens mit seinen kleinen und großen Enttäuschungen und den Verletzungen, die Menschen sich gegenseitig zufügen können, nicht immer stand. Beziehungen gehen auseinander, manchmal in kühler Gleichgültigkeit, manchmal aber auch in großer Verbitterung. Doch trotz dieser Enttäuschungen, trotz der Verwechslungen, auf die wir gelegentlich hereinfallen, suchen die meisten von uns weiter nach Beziehungen, in denen wir bedingungslos angenommen sind und uns rückhaltlos verschenken können: Freunde, Familie, Partnerschaft. Wir riskieren es, immer wieder verletzt zu werden, weil wir wissen, dass es die Liebe tatsächlich gibt – und weil wir ahnen, dass sie auch in unserem Leben eine entscheidende Rolle spielt.

Manchmal hat es den Anschein, dass die Sehnsucht eher noch zunimmt, je mehr Liebe wir erfahren haben. Der Paartherapeut David Schnarch spricht davon, dass es ein Verlangen gibt, das aus einem Mangel an Liebe und Intimität entsteht, und ein anderes, stärkeres, das aus der Erfahrung der

Fülle erwächst. Schnarch hat den Gedanken aus der Mystik übernommen und überträgt ihn jetzt auf menschliche Intimität. Im einen Fall erlischt das Interesse in dem Moment, wo ich gefunden habe, was ich wollte. Im anderen Fall nimmt es zu, je näher zwei Menschen sich kommen. Menschliche Liebe hat eine spirituelle Tiefendimension. Sie schickt uns auf eine Entdeckungsreise, die nie zu Ende ist.

Wahre Schönheit, Gerechtigkeit und Liebe – berühren und beflügeln sie uns deswegen, weil sie uns an etwas ganz Altes, Tiefes, Grundlegendes erinnern? Oder weisen sie in eine Zukunft, die mehr ist als blankes Wunschdenken? Oder ist es sogar beides? Vor rund 100 Jahren schrieb der englische Schriftsteller G. K. Chesterton:

Wir alle haben (…) von dem Mann gelesen, der seinen Namen vergessen hat. Der Mann läuft durch die Straßen und kann alles sehen und würdigen; er kann sich nur nicht erinnern, wer er ist.

Nun, jeder Mensch ist der Mann in dieser Geschichte. Jeder hat vergessen, wer er ist. Man mag den Kosmos verstehen, aber nie das Ego; das Ich ist weiter weg als jeder Stern. Du sollst den Herrn, deinen Gott, lieben; aber dich selbst sollst du nicht kennen. Wir leiden alle unter demselben mentalen Unglück; wir alle haben unsere Namen vergessen. Wir haben vergessen, was wir wirklich sind.

Alles, was wir gesunden Menschenverstand und Rationalität und Pragmatismus und Positivismus nennen, bedeutet nur, dass wir für bestimmte tote Schichten unseres Lebens vergessen, dass wir vergessen haben. Alles, was wir Geist und Kunst und Ekstase nennen, bedeutet nur, dass wir uns einen furchtbaren Augenblick lang erinnern, dass wir vergessen.[7]

---

[7] G. K. Chesterton, Orthodoxy, New York 1908/2004, S. 46

3. Per Anhalter zur Wiedervereinigung oder: Warum wir ohne Geschichte(n) nicht leben können

Wer eine eigene Internetpräsenz hat, kann sich darüber informieren, über welche Anfragen bei Suchmaschinen wie Google seine Seiten gefunden wurden. Meistens geben Menschen bei ihrer Suche nur ein oder zwei Schlagworte ein. Ab und zu aber tippt jemand eine komplette Frage in das Suchfeld und hofft, dass das allwissende Netz Orientierung ermöglicht und praktische Lebenshilfe leistet. Meinen Weblog im Internet zum Beispiel fanden Menschen, indem sie Suchmaschinen wie Google oder Bing Fragen stellten wie diese: „Was haben Menschen beim Beten erlebt?", „Warum zerbrechen so viele Ehen?", „Was tun gegen böse Gedanken?" oder auch so lebenswichtige Fragen wie: „Warum mag man als Kind keinen Kaffee und als Erwachsener schon?"

Suchanfragen im Internet einzugeben kostet wenig Zeit, aber bis man sich durch die verwirrende Vielfalt von Treffern geklickt hat, sind oft Stunden vergangen. Und es ist schwer bei den vielen zufälligen Treffern, die seriösen Äußerungen von denen der vielen Spaßvögel, Spinner und Scharlatane zu unterscheiden. Wenn man das Internet sinnvoll nutzen will, muss man lernen, wie man dort richtig sucht. Man muss die richtigen Fragen stellen – oder seine Fragen richtig stellen –, wenn man gute Antworten bekommen möchte.

Douglas Adams hat sich in seinem Kultroman „Per Anhalter durch die Galaxis" über die Suche unserer technikbesessenen Gesellschaft nach einer Weltformel und nach einer klaren, eindeutigen Antwort auf alle Fragen lustig gemacht. Am Ende seiner verrückten Odyssee sieht sich Arthur Dent, der Held seiner Geschichte, einer Mischung aus Buddha-Statue und Supercomputer gegenüber, die „Deep Thought" heißt und nach 7,5 Millionen Jahren just in diesem Moment die Antwort auf die Frage nach dem Leben, dem Universum und überhaupt allem errechnet hat: Es ist die Zahl 42. Wobei „Deep Thought" einschränkend hinzufügt, die Frage sei nicht klar gestellt gewesen und darunter könne die Qualität der Antwort gelitten haben.

Unter der Hand hat aber auch Adams eine Antwort gegeben, nämlich mit seiner erfundenen Geschichte: Wir Menschen sind verrückt nach einfachen Antworten. Sie geben uns Sicherheit in einer chaotischen, sinnlosen Welt, in der wir uns wie ein unbedeutender Spielball der Ereignisse vorkommen. Freundschaft und Galgenhumor helfen uns dabei, diese absurde Situation irgendwie zu ertragen. Die besten Antworten auf unsere Lebensfragen sind in der Regel *keine* Zahlen oder Formeln.

„Rede, dass ich dich sehe", soll Sokrates gesagt haben. Wenn sich zwei Menschen kennenlernen, dann erzählen sie sich gegenseitig ihre Geschichte. „Harte Fakten" und Daten sagen über eine Person herzlich wenig aus. Meine Körpermaße, Telefon- oder Personalausweisnummer charakterisieren mich äußerst unzureichend. Meine Geschichte (und die Art und Weise, wie ich sie erzähle) dagegen schon. Die Frage „Wer bin ich?" ist unlösbar verbunden mit der Frage „Wo komme ich her – wo gehe ich hin?". Je mehr ich von mir erzähle, desto mehr verstehen Sie, wer ich bin. Aber der Zusammenhang reicht noch weiter zurück. Neulich besuchte ich einen Freund in Bern. Ich nahm einen Zug früher und lief noch zum Münster, dessen Baumeister Matthäus Ensinger einer meiner Vorfahren war. Es war zu spät, um noch hineinzugehen, aber ich umrundete das Bauwerk und betrachtete es aufmerksamer als alles andere in der Stadt. Das alte Gemäuer und mich verbindet eine Geschichte, und so saß ich dann mitten in der Schweiz und empfand trotzdem so etwas wie ein Gefühl von Heimat. Ich war sogar ein kleines bisschen stolz. Ich glaube, wir alle sehnen uns danach, Teil einer größeren Geschichte zu sein, auf die man stolz sein darf.

Chesterton schrieb vom Vergessen, aber man kann um seine Geschichte regelrecht betrogen werden. Das berühmteste Beispiel für einen Menschen ohne Geschichte ist Kaspar Hauser, der 1833 in Ansbach ermordet wurde. Am 26. Mai 1828 war er als etwa 16 Jahre altes „Findelkind" aufgetaucht, das zum allgemeinen Erstaunen der Leute nicht sprechen konnte. Das hat die Phantasie von Schriftstellern, Historikern und Drehbuchautoren intensiv beschäftigt: War er ein einfacher Bauernsohn oder aber der verschollene Erbprinz von Baden? Vermutlich wird sich das Geheimnis fast 200 Jahre später nicht mehr lückenlos aufklären lassen, trotz all unserer großartigen Kriminaltechnik.

Es gibt ganz unterschiedliche Arten, wie einzelne Menschen und ganze Gemeinschaften ihre Geschichte erzählen. Dabei spielen der Anfang und das erwartete Ende immer die entscheidende Rolle. Die Erinnerung an unsere Herkunft sagt oft viel aus über unsere Hoffnung. Wir Deutschen begannen, uns im zweiten Kaiserreich die Geschichte von der *Erlösernation* zu erzählen. Die meisten anderen europäischen Mächte taten das damals auch und man kolonisierte die letzten weißen Flecken auf der Weltkarte mit den Segnungen unserer Zivilisation. Aber die undankbare Welt wollte am deutschen Wesen nicht genesen, das Land stolperte stattdessen unter dem triumphalistischen Kaiser Wilhelm II. in den Ersten Weltkrieg – und verlor. Nach dem Frieden von Versailles, der Deutschland die Schuld für den Ausbruch des Krieges zuschrieb, wurde die Geschichte anders erzählt: „Wir" sind zum Opfer geworden, das von den Siegermächten unterdrückt wird. Die *Opfergeschichte* brachte die „Dolchstoßlegende" hervor – vielleicht die einzige Verschwörungstheorie, die Hollywood noch nicht verfilmt hat: Die siegreiche Armee des Kaisers wurde von vaterlandslosen Politikern um ihren Sieg betrogen. Und so wurde – wie so oft – aus der Opfer- eine *Sündenbock-Geschichte*: Die Sozialdemokraten, die den schmachvollen Frieden aushandeln mussten, und das „internationale Judentum" waren an allem Elend schuld. Die Grundlage für das Dritte Reich war gelegt, für Krieg und Konzentrationslager. Europa wurde verwüstet, Millionen Menschen starben, Deutschland wurde besetzt und geteilt. Der Schrecken und die Scham über die Gräuel waren so gewaltig, dass von da ab Auschwitz und Stalingrad als das alles entscheidende Datum deutscher Geschichte erschienen. Bis zur Wiedervereinigung herrschte im Westen das düstere Bild vom Tätervolk vor, die alles Vorstellbare übertreffende *Schuldgeschichte*, während sich die SED-Diktatur dreist als Exklusiverbin aller deutschen Revolutionäre von Thomas Müntzer bis Rosa Luxemburg präsentierte. Der eine Deutsche schlug sich, wenigstens solange er im Licht der Öffentlichkeit stand, schuld- und pflichtbewusst gegen die Brust, der andere Deutsche zeigte mit dem Finger auf ihn. Und mittendrin der Versuch der 68er-Generation, mit den Vätern abzurechnen und dem Fluch zu entfliehen.

Heute, zwanzig Jahre nach der Wende, haben wir gelernt, dass mit keiner dieser Geschichten ein Staat zu machen ist, der in dieser Welt eine konstruktive Rolle spielt und nicht ständig wieder in zwei Hälften zerfällt. Wir Deutsche sind weder Erlöser noch Opfer, wir können keine Sündenböcke suchen, ohne uns selbst zu versündigen, wir sind nicht nur Täter und Unmenschen, die für die Verbrechen der Väter ewig büßen müssten, und nur die Wahl haben, unter der Last dieser Schuld zu leiden oder sie komplett zu leugnen. Ebenso wenig sind wir immer die Guten; die Bundeswehr hat bei ihren Missionen nicht nur Tote zu beklagen, sondern selbst Menschen, auch unschuldige, getötet.

Unzählige Bücher und TV-Dokumentationen unternahmen in den letzten Jahren den Versuch, die deutsche Geschichte neu zu erzählen, ohne in die alten Muster zu verfallen. Ein Grund dafür war, dass wir einen historischen Moment der Gnade erlebt hatten, als uns die Einheit geschenkt wurde. Mag sein, dass wir seither nicht alle Chancen erkannt und genutzt haben. Aber seit dieser Sternstunde erscheint unsere so durchwachsene Geschichte in einem anderen Licht.

Ich erzähle das so ausführlich, weil diese Logik auch für jeden Einzelnen von uns gilt, ob Deutscher oder nicht: Einige erzählen ihre Geschichte als Story von Aufstieg und Erfolg, andere betrachten sich als Opfer der Umstände oder machen diese und jene Sündenböcke für ihr Elend verantwortlich. Manche kommen über ihr Versagen nicht hinweg, andere suchen ihr Heil in der Flucht und leben fortan mit amputierter Geschichte.

All diese Geschichten wollen erklären, wer wir sind. Oder wer wir im Grund unseres Herzens gerne sein möchten. Und vielleicht brauchen wir alle einen gnädigen Rahmen, um unsere so vertrauten und nützlichen, aber immer einseitigen und manchmal problematischen Versionen infrage zu stellen.

Die Geschichte der Wiedervereinigung von Gott und Menschheit könnte ein Anfang sein. Eine heilsame Rahmengeschichte nicht nur für Deutsche in Ost und West, sondern auch für Serben und Bosnier, Engländer und Iren, Türken und Armenier, für Schwarze und Weiße und (bevor wir hier sentimental werden) vielleicht sogar für die Fans von Werder Bremen und Bayern München.

Vor ein paar Monaten veranstalteten wir mit einer Gruppe Jugendlicher einen „langweiligen Abend". Alle bekamen die Aufgabe, möglichst gelangweilt langweilige Dinge zu tun und dabei auf keinen Fall zu lachen. Wer es trotzdem tat, musste eine Papiertüte über den Kopf ziehen, bis er sich wieder beruhigt hatte. Ich griff mir schließlich das regionale Telefonbuch und begann es aufmerksam zu lesen, um von dem Gekicher um mich her nicht angesteckt zu werden. Plötzlich war ich zum Erstaunen aller anderen total versunken in dieses Telefonbuch. Ich las und blätterte und las und blätterte und dachte nach und las weiter.

Was war geschehen? Ich hatte das Dorf gefunden, in dem ich meine Kindheit verbracht hatte. Und dann fand ich einen bekannten Namen, einen zweiten, ich hatte plötzlich Gesichter vor Augen, Geschichten tauchten aus der Erinnerung auf. Wer heute noch dort wohnte und wohin es den Rest verschlagen hatte? Wie würden wohl die alten Freunde heute aussehen? Was ist aus ihnen geworden? Ob sie Kinder haben? Dieses Telefonbuch wurde ganz überraschend zum Spiegel meiner eigenen, wirklichen Geschichte und zum Sprungbrett für eine innere Reise in die Vergangenheit und zurück. Es dauerte eine Weile, bis ich mich wieder davon losriss.

Im folgenden Kapitel werfen wir einen Blick auf die Bibel. Dort gibt es Stellen, die lesen sich ungefähr so spannend wie ein Telefonbuch. Zum Glück gibt es auch viele sehr spannende Geschichten. Aber selbst die „Telefonbuch-Passagen" können urplötzlich eine Faszination entwickeln, wenn wir entdecken, was das mit uns und unserer Geschichte zu tun hat. In Bezug auf die große Geschichte, die uns die biblischen Bücher erzählen, ist das natürlich noch leichter.

Denn in dem Moment, wo ich erkenne, dass diese ganze Story auch *meine* Story ist und die großen Fragen meines Lebens (wer bin ich, woher komme ich, wohin gehe ich, worum geht es im Leben?) im Licht dieser Geschichte neu gestellt und anders beantwortet werden können, da ist Schluss mit Langeweile. Aha-Erlebnisse stellen sich ein. Nicht unbedingt jedes Mal, wenn ich in der Bibel lese, aber je mehr alte Freunde mir darin begegnen, desto interessanter wird es. Und es wird nicht einmal langweilig, diese Geschichten wieder und wieder zu hören. Alte Freunde können unermüdlich miteinander plaudern. Und jedes Mal wird nicht nur ein Stück Vergangenheit lebendig, sondern es macht auch etwas mit mir – hier und jetzt. Gottes Geschichte mit uns ist noch nicht zu Ende. Aber das Blättern in den früheren Kapiteln schärft den Blick für das Ziel und die alltäglichen kleinen Schritte in diese Richtung.

4. „Die Eins" spricht leise

Die Bibel – für Christen aller Art bis heute der wesentliche Orientierungspunkt – ist nicht die Wikipedia. Sie ist nicht nach Stichwörtern sortiert. Wir finden dort auch nicht auf jede denkbare Frage eine Antwort. Aber wenn wir sie lesen, lernen wir, Fragen zu stellen, auf die wir von selbst nie gekommen wären. Und sie hilft uns dabei, nicht nur Informationen über Gott zusammenzutragen, sondern uns von Gott selbst ansprechen zu lassen. Der Theologe und Schriftsteller Henri Nouwen hat einmal treffend bemerkt:

Wir alle wollen Geschichten hören, vom Augenblick unserer Geburt an bis zum Zeitpunkt unseres Todes. Geschichten verbinden unser kleines Leben mit der Welt um uns her und helfen uns, zu entdecken, wer wir sind. Die Bibel ist ein Geschichtenbuch, und die Evangelien sind vier Geschichten über die Geburt, den Tod und die Auferstehung Jesu, der selbst einer der größten Geschichtenerzähler war.[8]

Ein Schnelldurchgang

In der Bibel lesen wir Gottes Geschichte – die Liebesgeschichte zwischen Gott und den Menschen. Sie ist ein großes Ereignis, das eine Erinnerung und zugleich eine Verheißung in sich birgt. Ganz knapp und in meinen Worten erzählt, liest sie sich so: Aus dem Nichts erschafft Gott die Welt und die Menschen, und diesen vertraut er als seinen geliebten Generalbevollmächtigten all das Schöne an, damit

---

[8] Henri Nouwen, Sabbatical Journey, New York (Crossroads) 1998, S. 10–11

sie es pflegen, genießen und zur vollen Blüte und Entfaltung bringen. (Kleine Fußnote aus gegebenem Anlass: Wenn ich schon durch das Wissen um meinen Vorfahren eine positive Beziehung zum Berner Münster habe und auf mutwillige Beschädigungen des Bauwerks mit Trauer oder gar Ärger reagieren würde, wie viel mehr sollte dieser Effekt sich bei Menschen einstellen, die mit Gott einen ganz direkten Umgang pflegen?)

Nun wenden die Menschen sich jedoch bei der ersten Gelegenheit misstrauisch und eigensinnig von ihm ab, weil sie selbst lieber Eigentümer als bloß Verwalter der Erde und ihrer Schätze wären. In der Folge klappt auch unter den Menschen kaum noch etwas: Einer wird des anderen Feind und versucht, ihn auszubeuten – wirtschaftlich, emotional, sexuell, die ganze Palette. Am Ende können sie nicht einmal mehr miteinander reden. Gott antwortet auf diese rundum zerbrochenen Beziehungen, indem er mit einem Mann, Abraham, und seiner Familie einen neuen Anfang wagt. Aus dieser Familie wird allmählich ein kleines, sehr eigenwilliges Volk: Israel, das Gott aus der Sklaverei in Ägypten befreit und um dessen schwankende Liebe und Zuneigung er über Generationen hinweg wirbt – leidenschaftlich, hingebungsvoll, eifersüchtig, zornig und verzweifelt. Vergeblich, denn Israel erwidert diese selbstlose Liebe nicht und sieht sich stattdessen auf dem Markt jener Kulte um, die Reichtum, Größe und Macht versprechen. Beim aberwitzigen Versuch, in der Liga der Großmächte mitzuspielen, verkalkuliert sich der König. Von den Babyloniern verschleppt, droht Israels Erinnerung an seine Herkunft in Vergessenheit zu geraten und seine Bestimmung scheint endgültig verspielt zu sein.

Die Überlebenden der nationalen Katastrophe Israels müssen sich völlig verwaist vorgekommen sein. Man kann sich die Identitätskrise kaum dramatisch genug ausmalen. Aber Gott schweigt nicht. In Jesaja 43,1 macht der Prophet in seinem Namen folgende Zusage:

„Fürchte dich nicht, denn ich habe dich erlöst; ich habe dich bei deinem Namen gerufen; du bist mein!"

Solche Sätze darf man auch einmal ganz naiv persönlich nehmen, denn Israel bekommt hier zu hören, was allen Menschen gilt: Wenn Gott mich von Anfang an kennt und ruft, dann bin ich kein Opfer der Umstände meines Lebens mehr. Diese Zusage von höchster Stelle gibt uns allen Grund zur Hoffnung, dass ich trotz aller Widrigkeiten auch in Zukunft ein erfülltes Leben führen werde.

Denn die biblische Geschichte geht weiter: Sie gipfelt darin, dass uns Gott in Jesus auf Augenhöhe begegnet und unser menschliches Leben mit seinen Freuden und Sorgen teilt. Und sie erzählt davon, wie in der scheinbar schwärzesten Stunde dieser Welt, als Jesus von allen verlassen stirbt, der Grundstein für eine neue, bessere Welt gelegt wird. In seiner Auferweckung ist diese neue Zeit schon angebrochen und entfaltet überall dort ihre Kraft, wo Menschen an Jesus glauben und ihm nachfolgen.

In dieser Geschichte lernen wir Gott kennen. Und je mehr wir sie auf uns wirken lassen, desto mehr kann sie auch zu unserer eigenen Geschichte werden. Die Bibel erzählt die Geschichte einer großen Liebe, die stärker ist als der Tod. Sie ist die Geschichte einer großen Befreiung, der Heimkehr aus der Fremde und Isolation. Hier erscheint das Leben trotz aller Härten nicht als ein ewiger, gnadenloser Kampf, in dem sich der Stärkere behauptet und der Schwache auf der Strecke bleibt. Sie ist die Geschichte einer Welt, in der das Gute zuerst da war und am Ende alle Zerstörung überwinden wird. Wir verdanken unsere Existenz nicht dem Zufall oder der Laune der Natur. Und gerade in einer Zeit, in der uns der Glaube verloren gegangen ist, dass die Menschheit durch Vernunft und technischen Fortschritt die Welt immer besser macht, gibt uns die Geschichte von der Treue Gottes Hoffnung für die Zukunft: Es ist weder Gewalt noch Arbeit und Leistung, es ist nicht das Wissen, sondern allein die Liebe, die uns rettet und verändert.

Vor ein paar Jahren war ich zu Besuch in Irland. Was in Athen die Akropolis, in Paris der Louvre oder in London der Tower mit den Kronjuwelen ist, das ist in Dublin das Trinity College. Der architektonisch und kunstgeschichtlich wenig spektakuläre Bibliothekstrakt beherbergt den größten Schatz der grünen Insel: das *Book of Kells*, eine aufwendig und kunstvoll illustrierte Handschrift der biblischen Evangelien. Heinrich Böll hat in seinem irischen Tagebuch angemerkt, die Iren seien „das einzige Volk Europas, das nie Eroberungszüge unternahm, wohl selbst einige Male erobert wurde, von Dänen, Normannen, Engländern – nur Priester schickte es, Mönche, Missionare". Wer die vorchristlichen keltischen Mythen studiert, wird schnell feststellen, dass die kriegerischen Anlagen zweifellos vorhanden waren. Dann aber kam der heilige Patrick und erzählte ihnen in ihrer eigenen Sprache die biblische Geschichte und die Iren erkannten sich darin wieder. Es revolutionierte ihr Weltbild. In relativ kurzer Zeit verloren sie die Angst, der Himmel könne ihnen auf den Kopf fallen, und fassten Vertrauen zu Gott, dem Schöpfer der Welt, der Noah unter dem Regenbogen versprach, die Erde nicht mehr zu zerstören. Und zu seinem Sohn Jesus, der den Tod besiegte. Ihre eigenen Mythen vergaßen sie nicht, aber die Bibel wurde zur prägenden Rahmenerzählung ihrer Weltsicht. Als sie von den Mönchen das Schreiben gelernt hatten, da schufen sie aus Dankbarkeit und Begeisterung die bis heute größten Kunstwerke der Buchillustration. Und nebenbei schafften sie die Sklaverei ab, fast 1500 Jahre früher als ihre britischen Nachbarn. So veränderte der Glaube ihre ganze Gesellschaft.

Die Geschichte der Bibel ist eine Einladung an uns, auch die eigene Geschichte neu zu erzählen – als Deutsche (oder welcher Nationalität auch immer Sie angehören), aber auch als Einzelne. Sie bietet uns einen roten Faden, an dem wir die Ereignisse aufreihen und bewerten können. Dieser Faden ist Gottes unerschütterliche Treue gegenüber seinen Geschöpfen. Er reicht vom Garten Eden bis in die globale Stadt. Er spannt sich über die Abgründe eigenen und fremden Versagens. Und er reicht hinauf bis zu den grandiosen Gipfelerlebnissen und Sternstunden der Menschheitsgeschichte. Das Ende ist keineswegs schon in allen Einzelheiten beschlossene Sache, sondern Gott setzt auf unsere Mitwirkung bei seinem Vorhaben, die Welt vom Kopf wieder auf die Füße zu stellen. Wir sind nicht dazu verdammt, Zuschauer eines apokalyptischen Countdowns zu sein. Das Drama läuft noch, der letzte Vorhang ist noch nicht gefallen und in diesem göttlichen Impro-Theater sind noch etliche Rollen zu besetzen.

Viele Stimmen – eine Story

Die biblische Geschichte mag eine spannende oder schöne Geschichte sein, sie mag uns trösten und Hoffnung geben, aber ist sie am Ende nicht doch zu schön, um wahr zu sein?

Wir werden dieser Frage noch gründlich nachgehen. Die Bibel ist im Grunde eine kleine Bibliothek: Sie besteht aus 66 Büchern. Innerhalb dieser Bücher begegnen uns ganz unterschiedliche Arten, zu schreiben: Wir lesen Lieder und Gedichte, kurze und lange Erzählungen, stoßen auf Briefe, Sprichwortsammlungen, Listen und Aktennotizen (die „Telefonbuch"-Passagen). Sie sind in einem Zeitraum von über 1.000 Jahren niedergeschrieben worden. Die Bibel ist also keineswegs ein Märchenbuch oder Fantasyroman, sondern sie beruht auf geschichtlichen Ereignissen, die im Stil und mit den Mitteln der jeweiligen Zeit beschrieben werden. Wir kennen die Orte, wo sie sich abgespielt haben. Viele bekannte Gestalten der Weltgeschichte wie die ägyptischen Pharaonen, der Perserkönig Kyros oder der römische Kaiser Augustus begegnen uns auf ihren Seiten. Die Bibel erzählt Geschichten, die so kein anderes Buch erzählt.

Die Management-Trainerin Marion Knaths gibt auf „Zeit Online" Karrieretipps für Frauen. Unter anderem geht es dabei um die Wirkung der Stimme, und sie erklärt, warum frau in einer Besprechung ihre anerzogenen Hemmungen überwinden und bewusst laut und deutlich reden muss. Dabei sagt sie auch, dass nur „die Eins", also der/die Ranghöchste, es sich erlauben kann, leise zu reden. Als Beweis imitiert sie das heisere Flüstern von Marlon Brandos Synchronstimme in Francis Ford Coppolas Film „Der Pate". Mich hat das an die Schule erinnert: Der Lehrer, der echte Autorität hatte, musste nicht darüber sprechen, sie weder begründen noch verteidigen. Umgekehrt wussten wir als Schüler sofort, dass der, der ständig darüber sprach, eine bestenfalls formale Autorität hatte. Die reichte, um Zensuren zu verteilen, aber nicht, um einen bleibenden Eindruck zu hinterlassen oder um die

Begeisterung für ein Fach zu wecken. Und wenn ein Lehrer die Beherrschung verlor und herumbrüllte, tat er sich damit in der Regel keinen Gefallen.

Im Gegensatz zu manch aufdringlicher christlicher Propaganda redet die Bibel leise. Sie kehrt ihre Autorität nicht ständig heraus und sieht sich nicht dazu veranlasst, sich zu rechtfertigen. Sie erklärt sich auch nicht selbst für unfehlbar. Kaum etwas schadet der persönlichen Autorität von Führungskräften so sehr, wie einen Fehler nicht eingestehen zu können. Die Bibel korrigiert sich an manchen Stellen selbst und ab und zu bleiben Ungereimtheiten auch einfach stehen, ohne glattgebügelt zu werden. Die Bibel sagt, was sie zu sagen hat. Punkt. Und das sagt sie so gut und wirkungsvoll, dass sie nach 2000 Jahren noch brandaktuell ist. Die meisten Versuche, ihre Autorität von außen durch irgendwelche Theorien zu begründen oder mit grober Polemik zu demontieren, verfehlen das Wesentliche.

Diese Geschichten über Gottes Handeln und Reden konfrontieren mich ab und zu mit verborgenen Fehlhaltungen. So wie Haltungsschäden früher oder später hartnäckige körperliche Schmerzen verursachen, so erleben wir das in Beziehung zu anderen Menschen und auch Gott gegenüber. Da tut es gut, ab und zu einen Spiegel vorgehalten zu bekommen, in dem wir unsere Schieflagen erkennen können. Und Beispiele erzählt zu bekommen, dass es auch anders gehen kann. Ich war eine Weile lang Mitglied in einem Fitnessstudio. Bei einer bestimmten Übung bekam ich immer Schmerzen im Knie; ab und zu war mir das beim Radfahren auch schon so gegangen. Eines Tages kam ein Trainer vorbei, schaute kurz hin und sagte mir, ich solle meine Ferse etwas nach außen drehen. Ich befolgte seinen Rat und der Schmerz war weg. Als ich neulich auf einer Radtour Probleme bekam, erinnerte ich mich wieder daran, korrigierte die Haltung und war nach ein paar Minuten beschwerdefrei. So wirken die Schriften der Bibel auch vorbeugend: Wir finden in ihnen viele praktische Anregungen und bewährte Beispiele für ein Leben mit positiven Gewohnheiten und in guten, gesunden Beziehungen.

Wir Menschen leiten unsere Vorstellung von dem, was wahr und sinnvoll ist, nicht wie Schulmathematiker aus einzelnen, universal gültigen Lehrsätzen in einer lückenlosen, logischen Beweiskette ab. Das wäre sehr riskant, denn jede Kette ist nur so stark wie ihr schwächstes Glied. Vielmehr setzen wir an mehreren Stellen zugleich an, mit ganz verschiedenen Vorstellungen, die wir kennengelernt haben und die uns plausibel erscheinen. Wir verknüpfen diese Einsichten und spinnen ein Netz mit vielen Knoten – je mehr, desto belastbarer. Wenn irgendwo ein Faden reißt, bricht in der Regel nicht alles zusammen. Wir können die Schäden in Ruhe ausbessern und die Löcher flicken. So ein Netz ist eine sehr lebendige Sache. Unser Gehirn arbeitet im Übrigen genauso vernetzt. Wenn irgendwo ein Schaden entsteht, können häufig andere Gehirnzellen einspringen und den Verlust wenigstens teilweise ausgleichen. Mit den biblischen Schriften ist es ähnlich: Sie bieten uns eine breite Palette an Ansatzpunkten, aber sie sind untereinander schon verknüpft. Manche Fäden stehen unter größerer Spannung, andere scheinen eher locker zu hängen. Wir können also an verschiedenen Stellen anfangen, uns auf die Geschichte einzulassen und unsere eigenen Erfahrungen zu machen. Vielleicht erklärt das auch, dass es verschiedene christliche Konfessionen gibt. Die einen betonen dieses, die anderen jenes Element etwas stärker.

Jeder kann sich mit einem gewissen Recht auf die Bibel berufen, aber keiner hat das Monopol auf deren Auslegung. So entsteht ein Freiraum, in dem jeder seinen persönlichen Weg finden kann und trotzdem mit anderen verbunden bleibt.

Worte, die wirken

Der amerikanische Journalist A. J. Jacobs entschloss sich als Agnostiker – also als jemand, für den die Frage, ob es einen Gott gibt, nicht beantwortet werden kann –, ein Jahr lang streng nach den Regeln der Bibel zu leben. Manche Reinheitsvorschriften des Alten Testaments, die für Christen ja längst keine Rolle mehr spielen, brachten ihn ziemlich in Verlegenheit. Trotzdem berichtet er davon, dass die intensive Beschäftigung mit der Bibel ihn verändert hat. „Ich versuchte, ein Jahr lang keine Begehrlichkeiten aufkommen zu lassen, nicht über andere zu tratschen und nicht zu lügen. Ich bin Journalist in New York. Das war nicht einfach", schreibt er. Doch als er begann, die Aufforderungen der Bibel zur Dankbarkeit in allen Dingen ernst zu nehmen, merkte er, dass er allmählich ein glücklicherer und zufriedenerer Mensch wurde. Indem er sich auf die Bibel einließ und ganz naiv das Gute tat, von dem er dort las, veränderten sich sein Denken und seine Empfindungen zum Besseren. Inzwischen bezeichnet Jacobs sich als „ehrfürchtigen Agnostiker"[9].

Wolfgang Schäuble sagte in einem Interview zum Ökumenischen Kirchentag 2010: „Das Alte wie das Neue Testament ist voll von fundamentalen Menschheitserfahrungen. Sie können sie als Finanzminister jeden Tag brauchen: den Tanz

[9] http://www.ted.com/index.php/talks/a_j_jacobs_year_of_living_biblically.html

ums Goldene Kalb, den Turmbau zu Babel, die Maßlosigkeit der Menschen, die in ihrer Idiotie sich selbst zerstören."[10] Damit ist Schäuble nicht allein: Der Schauspieler Ben Becker ging 2008 mit der Bibel auf Tournee durch Deutschland. Tausende Menschen kamen, um ihm beim Vorlesen zuzuhören. Was seinen persönlichen Glauben anging, hielt Becker sich bedeckt, aber auf die Frage, was ihn an der Bibel denn so fasziniere, antwortete er, in der Bibel sei „einfach alles drin, in jeder Geschichte. Es ist (…) ein sehr reales Buch, was unsere Geschichte angeht. Auch sehr real mit dem, was momentan passiert im Sinne von Globalisierung."

Globalisierung ist ein gutes Stichwort: Die Bibel ist nicht nur ein globaler Bestseller, sondern sie hat mehr als eine friedliche Revolution inspiriert – von Gandhi über Martin Luther King bis zu den Leipziger Montagsdemonstrationen vor dem Mauerfall 1989. Der Friedensnobelpreisträger Desmond Tutu schreibt über den gewaltlosen Kampf gegen die Rassentrennung in Südafrika:

„Uns inspirierte kein politisches Motiv, sondern unser biblischer Glaube. Die Bibel entpuppte sich in dieser Situation der Ungerechtigkeit und Unterdrückung als das subversivste Buch, das man sich vorstellen kann."[11]

Das erklärt wohl auch, warum in manchen Staaten der Besitz oder die Verbreitung von Bibeln heute noch verboten ist: Allen Unterdrückern dieser Welt erzählt sie unmissverständlich, dass ihre Zeit dem Ende entgegengeht. In dieser Hinsicht hat sie noch immer recht behalten.

---

[10] Süddeutsche Zeitung, Online-Ausgabe vom 13. Mai 2010
[11] Desmond Tutu, No Future Without Forgiveness, London 1999, S. 11

Teil II:
Die Vogelperspektive

Das fremde Land liegt vor uns, wenn auch erst in Bildern und Berichten. Noch sitzen wir zu Hause. Auf dem Tisch sind Karten ausgebreitet. Welche Route sollen wir wählen? Wo beginnt die Reise und wo soll sie zu Ende sein? Welche Orte wollen wir besuchen, wen dort treffen? Was muss man über die fremde Kultur wissen, um sich zurechtzufinden? Welche Wörter müssen wir kennen, um uns mit den Einheimischen zu verständigen? Welche Personen und Ereignisse haben die Bewohner geprägt – welche Siege und Niederlagen, Hoffnungen und Erinnerungen wirken bis heute nach? Mit welchen Gefahren und Missverständnissen ist zu rechnen und auf welche Überraschungen sollte man gefasst sein?

Dann folgt der Blick aus dem Flugzeug: Wir sind schon nah dran, vieles ist schon zu erkennen, und doch sieht es noch ein bisschen unecht aus, fast wie Spielzeug. Aber es ist nun ein lebendiges, bewegtes Bild. Manche der Mitreisenden erkennen Orte wieder, an denen sie schon waren. Sie beginnen davon zu erzählen. Und auch für uns ist es bis zum ersten Bodenkontakt nicht mehr lange hin. Zeit, genauer hinzusehen …

5. Jesus: Eine unerwartete Wendung

Manchmal bekommen wir zu hören, es sei im Grunde gleichgültig, woran jemand glaubt, solange man das nur ganz fest und aufrichtig tut. In Märchen und Kindergeschichten mag das auch so sein. Doch im Laufe des Lebens lernen wir, dass nicht einfach *jeder* Wunschtraum irgendwann Wirklichkeit wird. Manchen dieser Vorstellungen fehlt schlicht der Bezug zur Wirklichkeit. Echter Glaube aber sieht die Wirklichkeit hier und da besser und vollständiger als unsere oft allzu ernüchterte Vernunft. Und dann geschehen erstaunliche Dinge. Echter Glaube hat – im Unterschied zum Wahn und Wunschdenken – immer Bezugspunkte, die in einer Wirklichkeit außerhalb seiner selbst liegen. Und jeder Glaube hat unweigerlich Folgen: Wenn die Welt für mich ein Dschungel ist, in dem jeder für sich ums Überleben kämpft, dann verhalte ich mich entsprechend. Wenn mit dem Tod alles aus ist und ich nicht wissen kann, wie viel Zeit mir bleibt, werde ich vielleicht atemlos alles auskosten und „mitnehmen, was geht". Wenn die Erde aber die (zugegeben: inzwischen etwas ramponierte) Kinderstube eines allmächtigen und liebevollen Vaters ist, sieht das schon wieder anders aus.

Wenn Gott nach jüdischem und christlichem Verständnis ein *persönlicher* Gott ist, dann können wir vielleicht aus der Beobachtung der Welt und logischem Nachdenken die eine oder andere Information *über* ihn daraus ableiten. Aber es ist wie bei Menschen auch: Ich kann eine exakte Personenbeschreibung von jemandem haben, objektives „Wissen" also, und ihn doch nicht *kennen* – solange er sich mir nicht mitteilt und mir seine Geschichte, seine Gedanken und Absichten (etwa in einem Gespräch) offenbart. Wer sich einmal in einer der vielen Partnerbörsen im Internet umgesehen hat, wird das bestätigen.

Aber nach christlichem Verständnis geht Gott hier noch einen Schritt weiter, als nur etwas von sich zu *erzählen*. Er tut, was kein Schriftsteller kann, auch wenn die Vorstellung Kinderbuchautoren schon immer fasziniert hat: Als Autor wird er selbst Teil seiner Geschichte. Er verlässt den sicheren Platz des allwissenden Erzählers und wird zum Akteur, der mit vollem Risiko am Geschehen teilnimmt. Israels Geschichte, die uns das Alte Testament erzählt, läuft auf diesen Punkt zu. Jesus von Nazareth nimmt sie auf, interpretiert sie verblüffend neu und schreibt sie durch sein Leben fort: durch die großen und kleinen Dinge, die er sagt und tut. Er gibt diesem Drama die entscheidende Wende.

Jesusbilder: Phantom, Prophet oder mehr?

Christen zu allen Zeiten, in allen Konfessionen und Kulturen, sind sich darin einig: Gott, der Schöpfer aller Dinge, hat sich auf einzigartige Weise zu erkennen gegeben in Jesus von Nazareth – seiner Person, seiner Geschichte und seiner Lehre. Der Soziologe Peter L. Berger meint, für Buddhisten spiele es im Grunde keine große Rolle, ob Prinz Gautama, über den die Historiker bisher nicht viel herausfinden konnten, je gelebt hat – es sei die Lehre von der Erleuchtung, auf die es ankommt.[12] Die Frage nach deren Urheber ist im Buddhismus zweitrangig. Bei Jesus aber lässt sich die Person nicht vom Inhalt der Botschaft trennen.

---

[12] Peter L. Berger, Erlösender Glaube?, Fragen an das Christentum, Berlin/New York 2004, S. 69

Aus genau diesem Grund ist Jesus bis heute eine der interessantesten und auch umstrittensten Personen der Weltgeschichte. Dass Jesus gelebt hat, wird heute kaum ernsthaft bezweifelt. Aber regelmäßig warten die Ausgaben von *Spiegel* und *Focus* zu den großen christlichen Festen mit angeblich immer neuen, auflagenträchtigen „Enthüllungen" über Jesus auf. Die clever konstruierten Verschwörungsgeschichten wie „Sakrileg" von Dan Brown sind nur eines von vielen Beispielen, wie Menschen sich Jesus so zurechtbasteln, dass er in ihr Weltbild passt: Browns Jesus vertritt mehr oder weniger dieselben Ansichten wie er selbst. Und natürlich verdient Brown daran auch kräftig. Andere zweifeln die Mondlandung an oder spekulieren darüber, ob Karl der Große wirklich gelebt hat und 300 Jahre frühes Mittelalter auf vorsätzliche Urkundenfälschung zurückzuführen sind. Wichtige Ereignisse der Menschheitsgeschichte lösen eben alle möglichen Spekulationen aus – auch abstruse und unseriöse.

Wenn wir also Jesus nicht einfach zu einer (relativ uninteressanten) Projektionsfläche unserer Wünsche und Ängste machen wollen, müssen wir uns fragen, was das Besondere an Jesus ist, das ihn von seinen Zeitgenossen und von anderen Denkern und religiösen Führern unterscheidet. Und wir müssen uns die Mühe machen, ihn erst einmal aus seiner Zeit heraus zu verstehen, die uns in vielem auf den ersten Blick fremd erscheint.

Wenn wir die historischen Quellen betrachten, so finden wir kurze Notizen über Jesus zum Beispiel bei einigen römischen Geschichtsschreibern wie Tacitus, Sueton oder dem Juden Josephus. Sogar im Koran taucht Jesus auf sowie in einigen phantasievollen Texten aus dem zweiten Jahrhundert. Aber bei Weitem das deutlichste Bild liefern uns die vier neutestamentlichen Evangelien. Sie sind, so sagt es der renommierte Textforscher Kurt Aland mit einem Blick auf das Alter und die Qualität der Abschriften, „besser überliefert als jeder andere Text der Antike". Anhaltspunkte dafür, dass sie im Laufe der langen Zeit in einer Art Stille-Post-Effekt verfälscht wurden, fehlen. Es waren zu viele Handschriften im Umlauf, um von Zensoren irgendeiner mächtigen Institution nachträglich „korrigiert" und auf Linie gebracht worden zu sein. Matthäus, Markus, Lukas und Johannes haben die Berichte der letzten damals noch lebenden Augenzeugen gesammelt und für die Nachwelt aufgeschrieben. Ihre Evangelien sind keine Sammlung von phantastischen Fabeln und Legenden. Der Jesus, den sie beschreiben, ist kein Außerirdischer, kein antiker „Superheld" wie die Halbgötter der griechisch-römischen Mythologie. Er passt als bodenständiger Jude sehr gut in seine Zeit und seine Kultur. Wenn wir ihn vor diesem Hintergrund verstehen, dann hört er irgendwann auf, nur stummes Spiegelbild unserer Vorlieben zu sein. „Niemand", sagte Albert Einstein – selbst jüdischer Abstammung – kurz nach seinem 50. Geburtstag, „kann die Evangelien lesen, ohne dabei die Gegenwart Jesu zu spüren. Seine Persönlichkeit pulsiert in jedem Wort. Kein Mythos ist so voller Leben."

Die apokalyptischen Anfänge

Es war Albert Schweitzer, der die gelehrten Jesusbilder des neunzehnten Jahrhunderts – Jesus als großer Lehrer von Vernunft und Moral – samt und sonders als modernes Wunschdenken und intellektuelle Projektionen entlarvte. Und er markierte auch den Ausgangspunkt, von dem aus wir uns dem fremden Jesus annähern können: das apokalyptische

Judentum. Traditionell wird der Begriff „Apokalypse" immer mit globalen Katastrophen und dem Weltuntergang verbunden, und auch Schweitzer verstand ihn noch in dieser Weise. Inzwischen haben gründliche Studien ergeben, dass die Juden zur Zeit Jesu eigentlich anders dachten. Wohl verwendeten manche Propheten eine drastische Bildsprache und malten ihren Hörern surreale Szenen vor Augen. Aber es ging nicht etwa um das Ende der Weltgeschichte, sondern um die Erwartung eines Eingreifens Gottes, das so unerwartet und beispiellos sein würde, dass die gängigen Kategorien und Begriffe es nicht beschreiben konnten. Es ging um das Ende der gegenwärtigen Welt*ordnung* von Unterdrückung, Manipulation, Ausbeutung und Gewalt. Und wenn wir ganz ehrlich sind, dann haben wir heute noch Mühe, uns das realistisch vorzustellen. Es wäre auch für uns das Ende der Welt, wie wir sie kennen. Apokalyptik ist die Sprache der Unterdrückten: Sie malt revolutionäre Szenarien aus. Sie spricht und schreibt in Bildern, für die man nicht verhaftet und angeklagt werden kann und die doch jeder versteht, der Augen im Kopf hat. Weltreiche und ihre Regenten erscheinen als bizarre Monster, die in ihrem Größenwahn Unheil über die Welt bringen. Israels Hoffnung war, dass Gott diesem Wahnsinn irgendwann ein Ende setzen würde.

Dieser Traum war nicht totzukriegen. Und so begegnen wir Jesus am Ufer des Jordan im Dunstkreis eines anderen apokalyptischen Propheten, Johannes' des Täufers. Dessen elektrisierende Botschaft war, dass die entscheidende Wende unmittelbar vor der Tür steht – nichts weniger als die seit Jahrhunderten erwartete Rückkehr Gottes und damit die Erfüllung all dessen, was die großen Propheten Israel versprochen hatten: die Befreiung von den inneren und äußeren

Feinden, das Gericht Gottes über die gottlosen Weltreiche, die Wiederherstellung einer gerechten Ordnung, eine Epoche des Friedens für die Welt und eine Blüte der wahren Gotteserkenntnis. Oder anders gesagt: umfassendes Heil, denn das meint der hebräische Begriff „Schalom". Nun galt es, für diesen großen Umsturz gerüstet zu sein. Und dazu tauchte Johannes Menschen im Jordan unter, an ebender Stelle, wo weit über 1000 Jahre zuvor die ersten Israeliten, durch die Wüste aus Ägypten kommend, das Gelobte Land betreten hatten. Wer sich taufen ließ, dokumentierte damit, dass er sich mit diesem Gott und dieser Geschichte identifizierte und in der Erwartung lebte, dass dieses Ereignis sich in Kürze in dramatischen Dimensionen wiederholen würde. Die Zeit des Zögerns und der Gleichgültigkeit war vorbei. Wer dieser Revolution im Wege stand, lief Gefahr, von ihr weggefegt zu werden.

Eines Tages steht dort am Jordanufer unter all den Menschen auch Jesus von Nazareth, um sich in diesen Strom der Geschichte Gottes taufen zu lassen. Bis dahin war der junge Zimmermann aus dem abgelegenen Galiläa ein völlig unbeschriebenes Blatt, aber nun erlebt er dort eine Art Initialzündung. Wohl eher unbemerkt von den Massen findet eine umwälzende Gottesbegegnung statt – Jesus wird sich seiner Bestimmung bewusst. In den Familienbetrieb wird er nie wieder zurückkehren. Er hält sich noch eine Weile in der nahen Wüste auf, doch als der Täufer kurz darauf wegen seiner revolutionären Botschaft verhaftet wird, kehrt Jesus in jüdisches Gebiet zurück und geht an die Öffentlichkeit.

Propheten im Judentum sind etwas anderes als die Seher und Orakel der Antike. Ihnen ging es weniger um das Vorhersagen, sondern darum, das Volk Israel an den Gott zu erinnern, der es leidenschaftlich liebt und mitten in einer ungerechten Welt zu einem Leben herausfordert, das Gottes Güte widerspiegelt. Als Prophet bringt Jesus eine gute Botschaft. Er kündigt wie der Täufer das lange verheißene und sehnlichst erwartete Kommen Gottes an: Nach Jahrhunderten der politischen und religiösen Unterdrückung stellt Gott sein gedemütigtes Volk wieder her – und mit ihm schenkt er der ganzen Welt, die er geschaffen hat, Frieden und einen Neuanfang. Das war ungefähr so, als hätte er in der DDR vor 1989 den Fall der Berliner Mauer und den politischen und wirtschaftlichen Neubeginn angekündigt. Oder in Südafrika das Ende der Rassentrennung, als Nelson Mandela im Gefängnis von Robben Island saß. In Jesu Worten klang das damals so:

Die Zeit ist erfüllt, das Reich Gottes ist nahe. Kehrt um, und glaubt an die Frohe Botschaft![13]

Und wie der Fall der Mauer das Leben der Menschen (zur Freude vieler, aber nicht aller) veränderte, so sorgte auch dieser anstehende Machtwechsel dafür, dass man schon jetzt nicht so weiterleben konnte, als wäre nichts geschehen. Jesus rief zu einem Leben auf, das den verheißenen Frieden schon jetzt umsetzt – zum Beispiel im Verzicht auf Ausgrenzung, Gewalt und Rache. Er warnt in der Bergpredigt (Matthäus 5–7) vor den Folgen dieser Dinge und macht die Liebe radikaler als jeder andere Lehrer vor und nach ihm zum Maßstab des Handelns. Die gewaltlosen Revolutionäre des 20. Jahrhunderts wie Mahatma Gandhi und Martin Luther King haben von Jesus gelernt, dass nicht der Feind vernichtet werden muss, sondern der Hass.

---

[13] Markus 1,15

Und tatsächlich besiegte seine friedliche Revolution im Laufe der nächsten Jahrhunderte das riesige römische Imperium. Jesus erzählte immer wieder Gleichnisse – pfiffige und provozierende Geschichten, die die wirtschaftlichen, religiösen und politischen Eliten bloßstellten, die Zuhörer überraschten und zeigten, wie Gott gerade mit den Ohnmächtigen und Verachteten sein Ziel erreichen will. Denn an dieser Stelle wich die Geschichte, die Jesus erzählte, von der vertrauten Geschichte ab, die jedes Kind in Israel kannte. Darin war davon die Rede, dass Gott zurückkehrt, sich seinem Volk wieder zuwendet, es rettet und befreit. Allerdings war damit auch die Erwartung verbunden, dass die Treuen ihren Lohn erhalten und die Abtrünnigen, die „Sünder", kurz: die „schlechten" Juden, ihre Strafe abbekommen würden – ebenso wie die Unterdrücker Israels: die gottlosen Römer.

Jesus dagegen scheint das Gericht zu überspringen. Es kommt nicht erst die machtvolle Unterwerfung aller Feinde und danach die gerechte Ordnung. Vielmehr beginnt das neue Leben, während das alte noch andauert. Jesus wirft die klare Trennung zwischen „Guten" und „Bösen" über den Haufen, zwischen denen, die drin sind, und den anderen „da draußen", auf die man je nach Gefühlslage mitleidig oder empört herabsehen konnte. Denn unter diesen Menschen sammelt er seine Nachfolger. Ausgerechnet dort, sagt er, ist Gott zu finden:

Selig, die arm sind vor Gott; denn ihnen gehört das Himmelreich.
Selig die Trauernden; denn sie werden getröstet werden.
Selig, die keine Gewalt anwenden; denn sie werden das Land erben.
Selig, die hungern und dürsten nach der Gerechtigkeit;
denn sie werden satt werden.
Selig die Barmherzigen; denn sie werden Erbarmen finden.

Selig, die ein reines Herz haben; denn sie werden Gott schauen.
Selig, die Frieden stiften; denn sie werden Söhne Gottes
genannt werden.
Selig, die um der Gerechtigkeit willen verfolgt werden;
denn ihnen gehört das Himmelreich (Matthäus 5,3–10).

Die Tage einer Welt, in der der Starke den Schwachen unterdrückt, der Reiche den Armen ausbeutet, der Skrupellose den Ehrlichen über den Tisch zieht und immer derjenige am längeren Hebel sitzt, der weniger liebt und kühler rechnet, sie gehen zu Ende, sagt Jesus damit. Und mitten in diese alte, kaputte Welt kommt, überall wo Gottes Wille geschieht, der „Himmel". Gottes „Reich" ist keine ins unendliche gesteigerte Form der Reiche dieser Welt, sondern ein Anti-Imperium, das die Maschinerie der Macht aushebelt, ihre Pyramiden auf den Kopf stellt und ihre Menschenverachtung entlarvt. Deswegen kommt es auch nicht mit Schmiergeldern, Krieg oder einschüchterndem Getöse, sondern unbewaffnet, barfuß, verletzlich und so winzig daher, dass nur der es sieht, der sich die Augen öffnen lässt. Es überwindet seine Feinde nicht mit Gewalt, Manipulation oder Zwang.

Der „Himmel" fängt also klein an: Jesus vollbringt verschiedene „Zeichen", die den Anbruch dieser neuen Weltordnung erfahrbar werden lassen. Heilungsgeschichten machen einen erheblichen Teil der Evangelien aus. Jesus war dabei nicht auf spektakuläre Publicity aus, sondern er vermittelte den Menschen Gottes Liebe und Annahme in der denkbar konkretesten Form. Denn Kranke und Behinderte waren damals nicht nur zum Betteln verdammt, sondern nach jüdischem Recht auch vom Gottesdienst im Tempel ausgeschlossen, dem Ort, an dem Gott wie nirgends sonst anzutreffen war. Wenn Jesus heilte, machte er also auch diesen Ausschluss rückgängig. Und wenn Menschen damals von einem „Wunder" sprachen, dann bezog sich das nicht nur auf die medizinische Seite solch unerwartet spontaner Genesung, sondern auf ihre Begegnung mit der überraschend konkreten Liebe Gottes. Zumindest ein Stück zerstörte Schöpfung war wieder heil geworden.

Wie Jesus sich selbst sieht: Mit Gott auf Augenhöhe

Während frühere Propheten sich bewusst zurücknahmen und den Inhalt der Botschaft betonten, die Gott ihnen anvertraut hatte, verknüpfte Jesus sein persönliches Auftreten und seine Lehre auf provozierende Weise miteinander. Er kritisierte, wie schon die Heilungen zeigten, die religiösen Gebote und Vorstellungen von rein und unrein. Plötzlich war Unreinheit nicht mehr ansteckend, sondern es funktionierte umgekehrt: Gottes Reich infizierte die Welt wie ein Stück Sauerteig, das nach einer Weile den frischen Brotteig aufgehen lässt.[14]

Jesus nahm sich diese Freiheit, religiöse Tabus zu brechen, weil er eine ungewohnt innige Beziehung zu Gott hatte, den er als seinen „Vater" anredete. Im Judentum, das sich aus Ehrfurcht scheute, den Namen Gottes überhaupt in den Mund zu nehmen, war so eine skandalöse Vertraulichkeit bestenfalls dem König gestattet. Die Unmittelbarkeit dieser Beziehung ist erstaunlich, nicht nur für seine jüdischen Zeitgenossen. Jesus war seinem eigenen Verständnis nach *mehr* als all die Propheten vor ihm:

In jener Zeit sprach Jesus: Ich preise dich, Vater, Herr des Himmels und der Erde, weil du all das den Weisen und Klugen verborgen, den Unmündigen aber offenbart hast. Ja, Vater, so hat es dir gefallen.

---

[14] Vgl. Matthäus 13,33

Mir ist von meinem Vater alles übergeben worden; niemand kennt
den Sohn, nur der Vater, und niemand kennt den Vater, nur der
Sohn und der, dem es der Sohn offenbaren will.
Kommt alle zu mir, die ihr euch plagt und schwere Lasten zu tragen
habt. Ich werde euch Ruhe verschaffen (Matthäus 11,25–28).

Jesus sammelte so das neue Israel um sich selbst. Unter den
verschiedenen Gruppen im Judentum war strittig, wer denn
Gottes Willen richtig erkannt hatte und tat. Jesus verkündet
und demonstriert hier einen Gott zum Anfassen, dessen Forderungen nicht unerfüllbar sind, wenn man nur demütig genug
ist, sich die Augen für Gottes Wirklichkeit öffnen zu lassen.

Wie Jesus seine Rolle versteht: Die M(essias)-Frage

Taten sprechen meistens lauter als Worte. Auch dem von
den Römern eingesetzten König Herodes wurde klar, dass
Jesus den Anspruch erhob, der „Messias" zu sein, und deshalb eine erhebliche politische Gefahr darstellte (Lukas
13,31). Die Propheten Israels hatten seit langer Zeit einen
König angekündigt, der in die Fußstapfen des großen David
treten und (anders als Herodes) eine gerechte Herrschaft
aufrichten würde, die auch den übrigen Völkern der Welt
Frieden bringt.

Wir kennen das aus der Politik: Wenn sich jemand als
Bundeskanzler (oder Kandidat seiner Partei) empfehlen
will, dann meldet er solche Ansprüche in der Regel indirekt
an. In den Zeitungen wird dann von der K-Frage geredet.
Jesus wollte kein politisches Amt im herkömmlichen Sinne,
ihm ging es nicht um Paläste und Armeen, aber sein ganzes
Auftreten stellte die „M-Frage". So viel hatte Herodes verstanden.

Die Evangelisten werden nicht müde, darauf hinzuweisen, dass sich hier erfüllt, was verschiedene Propheten viele Jahrhunderte zuvor angekündigt hatten und worauf viele Zeitgenossen Jesu sehnsüchtig warteten: Gott wendete sich seinem Volk von Neuem zu und ordnete die Welt neu. „Irgendwie", schreibt der anglikanische Bischof Tom Wright, „betete Jesus zum Vater und übernahm zugleich eine Rolle, die in den alten Verheißungen Gott vorbehalten war, nämlich, Israel und die Welt zu retten. Er war dem Vater gehorsam und tat gleichzeitig das, was nur Gott tun konnte."[15]

Die Superhelden der Comicliteratur wie Batman oder Spiderman verheimlichen ihre wahre Herkunft. Sie erscheinen zum Zeitpunkt der größten Not wie aus dem Nichts. Sie wohnen nicht in unserer Nachbarschaft. Und wenn sie es doch tun, darf es niemand wissen. Anscheinend haben sich manche Zeitgenossen Jesu den Messias ganz ähnlich vorgestellt, wenn wir sie in Johannes 7,27 sagen hören: „Wir wissen, woher dieser ist; wenn aber der Christus kommen wird, so wird niemand wissen, woher er ist." Sie suchten eine Projektionsfläche für die eigenen Träume von Überlegenheit und Größe. Er soll gerade *nicht* so sein wie wir – und schon gar nicht mit hinterwäldlerischem Akzent aus dem abgelegenen Galiläa reden. In abgewandelter Form stoßen sich auch heute noch viele Zeitgenossen daran, dass Jesus zu „menschlich" war. Aber wer so denkt, sucht das Geheimnis womöglich an der falschen Stelle: Gott begegnet uns in Jesus erstaunlich unspektakulär. Wenn wir ihn als diesen Mann aus Galiläa an uns heranlassen und ihn so näher kennenlernen, verstehen wir vielleicht auch sein leises, unaufdringliches Reden besser.

---

[15] Tom Wright, Simply Christian, London 2006, S. 102

Jesus weicht einer drohenden Verhaftung kurzzeitig aus, aber dann sucht er die Konfrontation mit dem König und den Priestern. Er zieht in Jerusalem ein und geht nicht etwa, wie man es von einem „richtigen" Messias erwartet hätte, gegen die Römer vor. Er stört vielmehr den Betrieb im Tempel empfindlich, kündigt dessen Zerstörung an und wird kurz darauf von der Tempelwache aufgespürt und verhaftet. Den Priestern im Hohen Rat, wie auch später Herodes und dem römischen Statthalter Pilatus, tritt er gefasst gegenüber. Und auf Nachfrage bekennt er sich zu seiner messianischen Rolle – wohl wissend, dass ihn das sein Leben kosten kann. Wäre Jesus ein Schauspieler und Betrüger gewesen, dann hätte er spätestens hier einen Rückzieher gemacht. Stattdessen lesen wir bei Markus Folgendes:

Da wandte sich der Hohepriester nochmals an ihn und fragte: Bist du der Messias, der Sohn des Hochgelobten? Jesus sagte: Ich bin es. Und ihr werdet den Menschensohn zur Rechten der Macht sitzen und mit den Wolken des Himmels kommen sehen. Da zerriss der Hohepriester sein Gewand und rief: Wozu brauchen wir noch Zeugen? Ihr habt die Gotteslästerung gehört. Was ist eure Meinung? Und sie fällten einstimmig das Urteil: Er ist schuldig und muss sterben (Markus 14,61–64).

Jesus bezeichnet sich hier als „Menschensohn" – das ist eine Gestalt, die im Buch Daniel in engster Verbindung mit Gott gesehen wird und im himmlischen Thronsaal den Ehrenplatz an Gottes rechter Seite einnimmt. Der Hohepriester wertet das als Gotteslästerung. Und religiösen Verführern drohte nach dem jüdischen Gesetz die Todesstrafe.[16] Jesus wird den Römern ausgeliefert und von diesen aus politi-

---

[16] Vgl. Deuteronomium 13,6

schen Gründen wegen Hochverrats grausam und öffentlich hingerichtet. Für die Priester und das Volk war damit klar: Dieser tote Messias kann nur ein falscher Messias gewesen sein. Das Problem war für die Mächtigen gelöst. Aber das ist noch nicht das Ende unserer Geschichte.

6. Liebe am Limit

Es ist sicher keine Übertreibung, dass der Tod Jesu für mehr Gesprächsstoff gesorgt hat als jeder andere Tod in der Weltgeschichte. Die großen Gestalten fielen in der Schlacht, wurden von Gegnern ermordet oder Verwandten vergiftet, erlagen dieser oder jener Krankheit oder sie wurden ganz einfach alt und schliefen eines Tages mehr oder weniger friedlich ein. Ihr Ende war heroisch oder schmachvoll, tragisch oder heiß ersehnt. Von einer erlösenden Wirkung aber ist keine Rede.

Jesus hätte der grausamen und entwürdigenden Hinrichtung am Kreuz durchaus ausweichen können. Die These, dass er von den Ereignissen überrascht wurde und mit seinem Tod nicht gerechnet hatte, lässt sich kaum halten. Es gab in der Geschichte des Judentums immer wieder Anführer, die ihr Leben für die Freiheit ihres Volkes riskierten, und wenn Jesus kein Verrückter war – dafür fehlen alle Indizien und es wäre seinen Gegnern wohl aufgefallen –, dann hat er in diesem Sterben wohl einen Sinn gesehen. Ging es ihm darum, einfach nur seinen Prinzipien treu zu bleiben, oder hatte er mehr im Sinn?

Einen ersten Hinweis liefert uns der letzte Abend, den Jesus mit seinen Jüngern verbrachte. Sie feiern gemeinsam das Passahmahl. An diesem höchsten Fest erinnern sich Juden bis heute an das Urdatum ihrer Geschichte mit Gott, nämlich die Befreiung aus der Sklaverei in Ägypten. Damals schon hatte Gott ein übermächtiges, gottloses Imperium in die Knie gezwungen und sein Volk aus aussichtsloser Lage befreit. Dass die Situation nun wieder so deprimierend war, war ein unübersehbares Zeichen dafür, dass der Bund Gottes mit Israel gescheitert war und Israel seiner Rolle, eine lebendige und vor allem gerechte Alternative zu den größenwahnsinnigen Weltreichen auf der einen und den Kleinkriegen verfeindeter Stämme und Sippen auf der anderen Seite zu sein, nicht gerecht wurde.

Als Jesus bei diesem Mahl wie alle Juden mit Dankbarkeit in die Vergangenheit und mit neuer Hoffnung in die Zukunft blickt, tut er etwas Unerwartetes. Er verknüpft sein persönliches Schicksal mit der Hoffnung auf einen neuen Exodus. Er teilt das Brot unter seinen Jüngern und reicht ihnen den Kelch mit Wein und bezieht beides auf sich selbst. Er spricht davon, dass sein Blut vergossen werden wird, und spielt dann auf eine Verheißung des Propheten Jesaja an:

Der Herr der Heere wird auf diesem Berg für alle Völker ein Festmahl geben mit den feinsten Speisen, ein Gelage mit erlesenen Weinen, mit den besten und feinsten Speisen, mit besten, erlesenen Weinen. Er zerreißt auf diesem Berg die Hülle, die alle Nationen verhüllt, und die Decke, die alle Völker bedeckt. Er beseitigt den Tod für immer.

Gott, der Herr, wischt die Tränen ab von jedem Gesicht. Auf der ganzen Erde nimmt er von seinem Volk die Schande hinweg. Ja, der Herr hat gesprochen.

An jenem Tag wird man sagen: Seht, das ist unser Gott, auf ihn haben wir unsere Hoffnung gesetzt, er wird uns retten. Das ist der Herr, auf ihn setzen wir unsere Hoffnung. Wir wollen jubeln und uns freuen über seine rettende Tat (Jesaja 25,6–9).

Seit Jahrhunderten standen diese Worte im Raum, sie waren tausendfach abgeschrieben und rezitiert worden, aber nichts schien voranzugehen. Die Geschichte steckte fest, und der Knoten, den es aufzulösen galt, hatte einen Namen: Sünde. Was bei uns heute fast nur noch mit Kalorien und Strafzetteln in Verbindung gebracht wird, ist in Wirklichkeit keine Bagatelle. Nicht deswegen, weil Gott so kleinkariert wäre, dass er in jedem Fehlverhalten seiner Untertanen Verrat und Majestätsbeleidigung sehen und sie dafür in die Hölle werfen würde, wie man das im Mittelalter vielfach glaubte. Nein, Vergebung für einzelne, konkrete Sünden und Übertretungen war immer möglich gewesen. Hier stand mehr auf dem Spiel als Schuldbewältigung. Es ging um die Frage, wie denn ein umfassender Neubeginn (nichts weniger beschreibt Jesaja) möglich werden kann.

Bildstörung

„Sünde" im christlichen Verständnis ist mehr als nur die unvollständige Erfüllung religiöser Pflichten. Sie ist ein komplexes Geflecht gestörter Verhältnisse, das wir einerseits mitverschuldet haben, in dem wir andererseits aber heillos verstrickt sind. Die Folge ist, dass wir gleich auf mehreren Ebenen nicht mehr klarkommen, nämlich

- mit uns selbst
- mit anderen Menschen
- mit der Welt und ihren Ordnungen
- mit Gott

Anders ausgedrückt: Die Welt ist nicht in Ordnung und wenn wir ehrlich sind: Wir sind ein Teil des Problems. Unsere Unterlassungen wiegen dabei manchmal schwerer als unsere Fehltritte. Eines von vielen Beispielen, die wir täglich in den Nachrichten präsentiert bekommen: Im Jahr 2007 wurden 858 Milliarden Euro für Waffen ausgegeben. 858 Milliarden! Schon 20 Milliarden Euro würden reichen, um den Hunger in der Welt zu besiegen. Wir können unser Bankensystem mit Billionen retten, die wir von unseren Kindern borgen, und zugleich scheitern unsere Regierungen an der Frage des Klimawandels, dessen Kosten wir heute tragen müssten, damit sie unseren Kindern erspart bleiben. Ein einzelner Mensch kann das nicht ändern. Aber viel zu wenige kümmern sich darum. Im Kleinen wie im Großen zeigt sich immer wieder, dass wir auf Kosten anderer leben, weil Gleichgültigkeit und Trägheit größer sind als unsere Nächstenliebe und der Sinn für Gerechtigkeit.

Der Schriftsteller Nick Hornby erzählt in seinem Roman „How to be Good" von der Ärztin Kate. Kate, die sich für die „Gute" hält, betrügt ihren unausstehlichen Ehemann David. Das Paar trennt sich und David macht urplötzlich eine dramatische Veränderung zum Gutmenschen durch. Nun ist Kate, die sich bisher in heimlicher Selbstgerechtigkeit für besser gehalten hatte, in der Defensive. Ihr inneres Ringen führt sie schließlich in eine Kirche, wo die Pfarrerin eine merkwürdige Gesangseinlage gibt. Und das ist nicht die einzige Überraschung: Kate trifft ihren Bruder Mark. Dieser gesteht, aus Verzweiflung schon zum wiederholten Mal in die Kirche zu kommen, und fragt Kate nach dem Grund ihrer Anwesenheit. Sie antwortet:

„Ich habe Vergebung gesucht."

„Wofür?"

„Für den ganzen Scheiß, den ich mache", sage ich. (…)

„Du machst keinen Scheiß."

„Vielen Dank, aber ich bin ein Mensch. Und das machen Menschen nun mal die meiste Zeit. Sie machen beschissene Sachen."

„Verdammter Mist. Gut, dass ich gekommen bin."

Ich gebe ihm eine Tasse Kaffee, er zündet sich eine Zigarette an – er hat vor zehn Jahren aufgehört zu rauchen – und ich suche nach Monkeys Untertassen-Aschenbecher, während er mir von seinem tristen Job erzählt, von seinem tristen Liebesleben und all den dummen Fehlern, die er gemacht hat, und wie er angefangen hat, alles und jeden zu hassen, einschließlich seiner Lieben, und deswegen sei er schließlich sonntags um zehn Uhr früh im Publikum einer Frau gelandet, die „The King and I" singt.[17]

Kate und Mark suchen am richtigen Ort. Es geht tatsächlich um Vergebung, und die kann, wenn es sie denn gibt, nur von Gott kommen. In gewisser Weise muss Gott uns offenbar vor uns selbst retten, denn Sünde bedeutet:

- Wir bleiben Gott, anderen und uns selbst etwas schuldig, weil wir ihnen schaden oder das Gute unterlassen.
- Wir verstricken uns in Abhängigkeiten und werden Komplizen von Verflechtungen, die Unrecht verursachen oder verlängern.
- Wir bleiben unter unseren Möglichkeiten – eine blasse Kopie dessen, was wir sein könnten.
- Wir leiden und verzweifeln an den Folgen gestörter Beziehungen wie an einer tödlichen Krankheit.

Das Weiße im Auge

Der amerikanische Psychologe Michael Tomasello hat beschrieben, dass Menschen im Unterschied zu selbst den intelligentesten Tieren zu echter Kooperation fähig sind.[18] Wo ein Schimpanse den anderen wie ein Werkzeug benutzt – etwa um an eine Belohnung zu gelangen, die der Schnellere von beiden sich unter den Nagel reißt, sobald sie in Reichweite ist –, da kooperieren und teilen geistig vergleichbar hoch entwickelte Kleinkinder. Ein Affe folgt wohl dem Blick des anderen, wenn

---

[17] Nick Hornby, How to be Good, München 2003, S. 272 f.
[18] Zeit Online, 10. 04. 2009; http://www.zeit.de/2009/16/PD-Tomasello

der etwas entdeckt hat, aber nur Kinder zeigen dem anderen Dinge und lernen voneinander. Der Mensch ist das Tier, das „wir" sagt, lautet die Schlussfolgerung. Das ist unser Wesen, das kennzeichnet unsere Art. Damit Menschen in einer Gruppe besser sehen, wohin der andere schaut, ist das Weiße in unseren Augen immer sichtbar, sagt Tomasello. Es erinnert uns an die Besonderheit unseres Wesens. Überall, wo wir von dieser Möglichkeit des Zusammenhelfens, des Teilens und Lernens keinen Gebrauch machen, wo wir andere instrumentalisieren und nur den eigenen, kurzfristigen Gewinn suchen, da bleiben wir hinter dieser Vorstellung wahren Menschseins zurück. Das ist freilich kein wissenschaftlicher Nachweis, durchaus aber eine interessante Parallele zu dem, was wir im biblischen Sprachgebrauch „Sünde" nennen.

All das beeinträchtigt unser Leben in vielerlei Hinsicht. Wir können Dinge, die geschehen sind, nicht ungeschehen machen. Oft genug bekommen wir nicht einmal mehr die Folgen in den Griff: Ein verletzendes Wort führt zu einem Streit, die Beziehung zwischen Menschen zerbricht. Scham, Misstrauen und Angst führen zu neuen Fehlern und Verletzungen, die Spirale dreht sich immer weiter. Eine größere Kraft muss eingreifen, um uns von der Vergangenheit zu befreien und die Tür zu öffnen in eine andere Zukunft. In einem Brief an die Christen in Rom zieht der wichtigste Denker der frühen Christenheit, Saul von Tarsus, bekannter unter seinem griechischen Namen *Paulus*, das Fazit: „Alle haben gesündigt und die Herrlichkeit Gottes verloren" (Römer 3,23). Der evangelische Theologe Klaus Douglass hat das so umschrieben:

Wir haben die Herrlichkeit Gottes verloren – das heißt: Wir sind Sünder. Vielleicht haben wir nie etwas Böses getan – aber auch nicht das Gute, zu dem wir geschaffen wurden. Wir haben uns in

Belanglosigkeiten verheddert, uns mit unserer Mittelmäßigkeit zu-
friedengegeben, sind falschen Lebenszielen nachgefolgt. Als ob es
nur um die mehr oder weniger saubere Weste ginge! Nein – die
Sache ist viel schlimmer, viel katastrophaler! Wir entsprechen nicht
dem Entwurf Gottes, Abglanz seiner Herrlichkeit zu sein. Gott er-
kennt uns nicht wieder.[19]

Sogar Israel war Gott verloren gegangen. Es war seiner Aufgabe nicht gerecht geworden, das Licht der Herrlichkeit Gottes in das Dunkel der Weltgeschichte zu bringen und Gerechtigkeit und Frieden zu verbreiten statt Krieg und Hass. Es hatte aufgehört, ein Teil der Lösung zu sein, und war Teil des Problems geworden. Nur wollte das längst nicht jeder wahrhaben.

Jesus und die Sünder

Von Anfang an hatte Jesus sich Menschen zugewandt, die im Judentum als „Sünder" galten, weil sie es mit dem Gesetz nicht so genau nahmen. Manche arbeiteten offen mit den Römern zusammen. Andere konnten es sich im harten Existenzkampf kaum leisten, alle vorgeschriebenen Waschungen und Gebete zu verrichten. Sie galten als schlechte Juden, mit denen man sich nicht abgeben konnte, ohne selbst vor Gott unrein zu werden und sich durch den Kontakt mit Verrätern seinen Zorn zuzuziehen. In den Augen der gesetzestreuen Pharisäer war es ihrer Nachlässigkeit und Halbherzigkeit zuzuschreiben, dass Israels Elend unter den römischen Besatzern noch andauerte, denn wenn das ganze Volk auch nur einen Tag lang alle Gebote hielte, würde Gott sofort ein-

---

[19] Klaus Douglass, Glaube hat Gründe. Wie ich eine lebendige Beziehung zu Gott finde, Stuttgart 1994, S. 82 f.

schreiten. Jesus setzte sich über ihre Ansichten hinweg – ein ums andere Mal. Nicht Sünde, sondern Heiligkeit war für ihn offenbar ansteckend:

Und als Jesus in seinem Haus beim Essen war, aßen viele Zöllner und Sünder zusammen mit ihm und seinen Jüngern; denn es folgten ihm schon viele. Als die Schriftgelehrten, die zur Partei der Pharisäer gehörten, sahen, dass er mit Zöllnern und Sündern aß, sagten sie zu seinen Jüngern: Wie kann er zusammen mit Zöllnern und Sündern essen? Jesus hörte es und sagte zu ihnen: Nicht die Gesunden brauchen den Arzt, sondern die Kranken. Ich bin gekommen, um die Sünder zu rufen, nicht die Gerechten (Markus 2,15–17).

Jesus verurteilte die „Sünder" nicht, sondern zeigte auch den scheinbar Gerechten, dass sie selbst Sünder waren – und das hatte Folgen. Der stetig wachsende Zorn der Pharisäer und Schriftgelehrten trug wesentlich dazu bei, dass Jesus als gefährlicher Verführer und Störer der religiösen Ordnung angefeindet wurde. Zugleich waren die römischen Besatzer durchaus bereit, alles, was auch nur entfernt nach messianischem Aufruhr aussah, vorsorglich mit aller Härte auszulöschen.

Jesus wich dennoch dem Tod nicht aus. Im Gegenteil, er legt sich auch noch mit der mächtigsten Gruppe im Judentum an: In einem symbolischen Akt wirft er die Wechseltische im Tempelvorhof um, unterbricht damit den Opferbetrieb und kündigt die Zerstörung des Heiligtums an. Die Feinde Gottes – anders lässt sich diese Geste kaum deuten – saßen also nicht etwa in der römischen Kommandantur, sondern auf dem Tempelberg in Jerusalem, am heiligsten Ort Israels. Die Bedrohung und Zerstörung kam nicht etwa von außen, sondern aus dem Herzen seines Volkes. Der solchermaßen provozierte jüdische Hohe Rat machte gemeinsame

Sache mit dem römischen Erzfeind unter dem Komman-danten Pilatus und beide machten kurzen Prozess: Jesus, der Rache und Gewalt stets abgelehnt hatte, wurde ausgeliefert, im Eilverfahren als Terrorist von den Römern verurteilt und zur allgemeinen Abschreckung mit maximaler Grausamkeit hingerichtet. Der britische Theologe G. C. Caird hat diesen Zusammenhang so verstanden:

Jesus geht in seinen Tod durch die Hände eines römischen Richters aufgrund einer Anklage, deren er nicht schuldig war, und deren seine Ankläger, wie die Ereignisse zeigten, schuldig waren. Und so trug, nicht nur als eine theologische Wahrheit, sondern als eine ge-schichtliche Tatsache, der eine die Sünden der vielen.

Es ist schwer zu sagen, was dabei schwerer wog: die kör-perlichen Schmerzen der Geißelung und der Nägel durch Hand- und Fußgelenke, die Grobheit und der Spott der rö-mischen Soldaten, der Hass und die Demütigungen der auf-gewiegelten Menge, der Verrat durch Judas, einen engen Ver-trauten, das Untertauchen seiner verängstigten Jünger, die Todesangst oder die Gottverlassenheit, die Jesus in den letz-ten Augenblicken vor seinem Tod erfährt. Sein letzter Auf-schrei war der erste Satz des 22. Psalms: „Mein Gott, mein Gott, warum hast du mich verlassen?" (Es lohnt sich, diesen Psalm einmal ganz zu lesen, denn das Schicksal des zu Tode gequälten Menschen nimmt plötzlich eine völlig unvorher-sehbare Wende zum Guten.)

Die Evangelisten beschreiben ein elementares Ereignis: Als Jesus mit dem Tod ringt, verdunkelt sich der Himmel. Die Erde bebt, im Tempel zerreißt der Vorhang, der das „Al-lerheiligste" abtrennt: Gott hat das Gebäude *verlassen.* Und unter dem Kreuz sagt ausgerechnet ein römischer Zenturio: „Wahrhaftig, dieser Mensch war Gottes Sohn" (Markus 15,39).

Ein skandalöses Symbol:
Alte Motive und aktuelle Analogien

Ich habe grob skizziert, wie Jesus selbst seinen Tod verstanden hat. Natürlich wirft das für uns heute eine ganze
Reihe von Fragen auf. Da ist zum Ersten das Problem der
Grausamkeit und Gewalt, das viele irritiert. Unsere Nachrichten berichten täglich von Gewalttaten, die Thriller, die
wir lesen, und unsere Fernsehkrimis bersten vor Gewaltdar-
stellungen, aber irgendwie sollte für unser intuitives Empfinden ein guter, liebevoller Gott damit auf keinen Fall in
irgendeine Verbindung, gleich welcher Art, gebracht werden. Schon Paulus wusste, dass die Vorstellung eines gekreuzigten Messias für religiöse Menschen ein echter Skan-
dal war. Der muslimische Schriftsteller Navid Kermani hat
2009 in einem viel diskutierten Beitrag für die „Neue Züri-
cher Zeitung" über die morbide Lust am Leiden in manchen
Kreuzesdarstellungen geschrieben. Er findet sie abstoßend,
so wie auch manche islamische Leidensmystik, die Märtyrer verherrlicht und den körperlichen Schmerz verklärt.
Ein leidender Christus, geschweige denn ein leidender Gott,
das ist für Muslime eine anstößige Vorstellung. Doch dann
steht er in Rom vor Guido Renis Altarbild in der Basilika
San Lorenzo in Lucina. Reni hat alles Blut weggelassen und
das Kreuz erscheint als Schnittpunkt von Himmel und Erde.
Jesus wird, so empfindet es Kermani, nicht durch das unmenschliche Leid von allen getrennt, sondern als der Re-
präsentant aller Menschen gegenüber Gott. Und so eröffnet
sich hier ein Zugang zu dem düsteren Geschehen, Kermani
„fand den Anblick so berückend, so voller Segen, dass
ich am liebsten nicht mehr aufgestanden wäre. Erstmals

dachte ich: Ich – nicht nur: man –, ich könnte an ein Kreuz glauben."[20]

Das Ende aller Opfer

Kermani kann das Kreuz auch deshalb positiv sehen, weil sich mit der Betrachtung dieses ästhetisch stilisierten Bildes ein Missverständnis bei ihm löst: dass Jesus nämlich sterben müsse, um Gott zu „entlasten". Die Vorstellung, dass Jesus hier eine Art Blitzableiter ist, der verhindert, dass ein zorniger, grausamer und nachtragender Gott seine Wut an den Menschen auslässt, ist Jesus und dem Neuen Testament völlig fremd. Sie spukt allerdings hier und da in der christlichen Tradition und noch öfter in schlecht informierten Darstellungen und polemischen Karikaturen christlicher Lehren herum.

Gelegentlich verbindet sie sich auch mit dem Begriff des *Opfers.* Im 21. Jahrhundert können wir ja schon mit der Vorstellung, dass Tiere geopfert werden, um bei Gott etwas zu bewirken, nichts mehr anfangen. Und wir sind sensibel dafür geworden, dass jede Gesellschaft ihre menschlichen Sündenböcke hat, an denen sich Aggressionen und Zerstörungswut austoben dürfen. Bei uns heute sind diese gewaltsamen Zusammenhänge nicht mehr ganz so offensichtlich. Aber unsere staatliche Sicherheit fordert auch Opfer: unter Soldaten und Polizisten in Krisengebieten, nicht zu vergessen die berüchtigten „Kollateralschäden" unter der Zivilbevölkerung bei internationalen Konflikten wie dem Afghanistan-Einsatz der Bundeswehr. Die Statistik der Verkehrstoten zählt die Opfer

[20] NZZ vom 14. März 2009

74

des Straßenverkehrs. Der Umweltzerstörung und Klimaver-
änderung fallen ganze Tier- und Pflanzenarten zum Opfer,
Männer und Frauen opfern für ihre Karriere das familiäre
Glück oder ihre Gesundheit. Die Götter heißen heute vielleicht Wohlstand, Sicherheit und Erfolg. Die Opfer sind der
Preis dafür, dass wir in ungebremster Selbstverwirklichung
weiterleben können wie bisher.

Das biblische Verständnis von Opfer kennt aber auch einen
ganz anderen Aspekt: Ich opfere nicht nur einen Gegenstand,
sondern verschenke mich selbst, und zwar nicht aus Schuld-
gefühlen, sondern aus Liebe und Dankbarkeit. Und so lässt
sich vielleicht auch sagen: In Jesus hat Gott diese zwiespältige
Ordnung der Opfer zugleich erfüllt und aufgehoben: Indem
er sich selbst hingibt, beendet er das Aufrechnen von Schuld
und Sühne – ein für alle Mal, wie der Hebräerbrief mehrfach betont. Denn das freiwillige Geschenk hat unendlich viel
mehr Wert als alle Schuld der Menschheitsgeschichte zusammen. Das einzige – unblutige! – Opfer, das die Christenheit
seither noch kennt, sind aber Liebe, Gehorsam und Dank.
Menschen (und Tiere) dürfen und sollen leben, aber sie müssen eben nicht mehr so weiterleben wie bisher. Das Kreuz ist
also kein Symbol dafür, dass ein perverser Gott sich an Gewalt
weidet oder dass Religion und Glaube eine Form von Maso-
chismus darstellen. Es ist vielmehr Gottes ultimativer Protest
gegen jede Form von Gewalt, egal, ob sie nun wirtschaftlich,
politisch, ethnisch oder religiös motiviert ist.

In der Subkultur der Gangster-Rapper hat der Begriff
„Opfer" indes eine neue Färbung angenommen, die sich nun
unter Jugendlichen allgemein verbreitet: Er ist zum Schimpf-
wort für Feiglinge und Verlierer geworden, die nicht dem
Ideal des harten, aggressiven Machotypen entsprechen – des

Täters also, der sich nimmt, was er will (vor allem Frauen), sich auf niemanden verlässt, keine Ehrverletzung toleriert und deswegen lieber in seinem Stolz untergeht, als Frieden zu schließen. Als „Opfer" werden dann die bezeichnet, die sich nicht durchsetzen können und daher an höhere Instanzen – Eltern, Lehrer, die Polizei – appellieren müssen oder den Schwanz einziehen und sich leise verdrücken. Um ihre Ehre zu retten, werden manche dieser „Opfer" schließlich zu Tätern, so wie Sebastian B., der an seiner Schule in Emsdetten dreißig Menschen verletzte und sich dann selbst erschoss. In seinem Abschiedsbrief war zu lesen: „Bevor ich gehe, werde ich euch einen Denkzettel verpassen, damit mich nie wieder ein Mensch vergisst." René Walter hat das auf der Internetseite „Spreeblick" bissig kommentiert:

Sie sind Opfer eines Schulsystems, das Gleichtaktung und Abgrenzung fördert. Dumme bleiben unter Dummen und Schlaue unter Schlauen dumm. Sie sind Opfer eines Wirtschaftssystems, das den Schwachen keine Chance gibt. Das Ergebnis sind elitäre Wichtigtuer, die BWL mit Philosophie verwechseln, und eine gettoisierte Masse ohne Perspektive, die sich ihr Weltbild aus der Bildzeitung und den Talkshows zusammenzimmert. Und die Kinder dieser Menschen blicken nun auf unsere durchökonomisierte Gesellschaft und orientieren sich an ihr. (...) Denn nichts anderes lehrt der Markt: das Recht des Stärkeren. In einer Gesellschaft, die sich im großen Maße mit der Ökonomie identifiziert, sind solche Auswüchse nicht wirklich überraschend. Im Grunde sind die Checker in Neukölln also „nur" sehr konsequent und haben scheinbar begriffen, wie Deutschland tickt. Ich könnte ihnen fast gratulieren zu diesem Scharfsinn, aber das Thema ist zu ernst für Ironie.[21]

---

[21] http://www.spreeblick.com/2006/04/02/du-opfer/

Vor Kurzem las ich von einem Graffito, auf dem „Jesus, du Opfer" stand. Von Ferne erinnert das an Friedrich Nietzsche und seinen Widerwillen gegen alles Schwache, nur dass Nietzsche nicht wie Sebastian B. oder die Jugendlichen aus Neukölln und vergleichbaren Epizentren der Hoffnungslosigkeit zu den Verlierern der Gesellschaft zählte, die sich im Überlebenskampf opfern und doch alle anderen „Opfer" verachten, in denen sich die eigene Hoffnungslosigkeit widerspiegelt. Aber auch Nietzsche warf dem Christentum vor, mit seiner „Sklavenmoral" menschliche Selbstdurchsetzung zu behindern und ebenjenes Streben nach wahrer Stärke zu blockieren, dem das Schwache notwendigerweise geopfert werden muss. Nietzsche scheint die Tyrannei der Schwachen zu fürchten, die Diktatur des Durchschnitts, den ewigen Stillstand, die Heiligsprechung des Status quo. Wer Mitleid und Nächstenliebe predigt, wer Skrupel hat, sich durchzusetzen, und wer den reinen Machtwillen der „Herrenmoral" als böse bezeichnet, verhält sich widernatürlich. Solche Ideen waren natürlich ein gefundenes Fressen für die Nazis und ihre barbarische Ideologie der „Herrenrasse".

Weder Nietzsche noch Goebbels, weder die Amokläufer noch die Gangster-Rapper können sich vorstellen, dass wahre Größe und Souveränität gerade im Verzicht auf gewaltsame Selbstdurchsetzung liegt. Das Kreuz sprengt die ewige Alternative von Tätern und Opfern, Sklaven und Herren. Zumindest hatte Jesus genau das im Blick, als er diesen Weg beschritt.

Märtyrer: Einer für alle

Bleiben wir beim Thema Jugendgewalt: Am 12. September 2009 wurde Dominik F. Brunner an der S-Bahn-Station München-Solln getötet, als er sich in einem Akt von Zivilcourage ein paar jugendlichen Schlägern in den Weg stellte. Die „Frankfurter Allgemeine" kommentierte damals:

Dominik F. Brunner hat sein Leben hingegeben, um vier Kinder in der Münchner S-Bahn vor jungen Gewalttätern zu schützen. Er steht dafür, wozu der Mensch mit seinen hellsten Eigenschaften in der Lage ist – zu selbstloser Fürsorge und zu großem Mut. Dass er mit den zwei Verbrechern, die ihn auf dem S-Bahnhof im Stadtteil Solln zu Tode prügelten, auf die dunkelsten Seiten traf, zu denen Menschen auch fähig sind, ist eine Tragödie, nach der ein Gemeinwesen, das sich nicht selbst aufgeben will, nicht in die gewohnten Rituale von politischen Beschuldigungen verfallen darf.[22]

Die Diskussion, ob Brunner nicht etwas voreilig zum Märtyrer stilisiert wurde, ist auch ein Jahr später noch nicht abgeschlossen. Sie zeigt in jedem Fall, wie groß der Wunsch nach guten Vorbildern ist und was es für uns bedeutet, wenn ein Mensch sein Leben nicht nur für die Jugendlichen riskierte, die er beschützte, sondern für etwas, das uns allen wichtig ist oder zumindest wichtig sein sollte, nämlich Zivilcourage und – Nietzsche hin oder her – das Eintreten für die Schwachen. Das ist übrigens die ursprüngliche Bedeutung des Begriffs „Märtyrer" – bevor er von Selbstmordattentätern und Terrorbombern pervertiert wurde: Echte Märtyrer sind Menschen, die ihr Leben für ihre Überzeugungen gerade deswegen verlieren, weil sie auf keinen Fall Gewalt üben wollen. Sie lassen sich auch nicht von der potenziellen Gewalttätigkeit anderer einschüchtern. Ihre Überzeugungen sind stark genug, dass sie ihr Wohlergehen und im Ernstfall auch ihr Leben aufs Spiel setzen.

---

[22] Albert Schäffer in der FAZ vom 15. September 2009

Der Tod von Menschen wie Martin Luther King, Oscar Romero oder Dietrich Bonhoeffer – um nur ein paar Namen zu nennen – ist immer auch ein Vermächtnis an die Lebenden, ihre kostbare Freiheit sorgsam zu bewahren und nicht nachzulassen im Einsatz für eine gerechte Welt. Das Kreuz Christi ist noch mehr als das, aber das eben auch: ein Vermächtnis, das uns geschenkt wird, uns aber auch in die Pflicht nimmt. Nicht weil wir es nachträglich verdienen müssten. Auch nicht, weil Schmerz gut und Leiden schön wäre – im Gegenteil. Wohl aber, um zu zeigen, dass wir verstanden haben.

Der Preis der Freiheit

Clint Eastwood erzählt in seinem mehrfach preisgekrönten Meisterwerk „Gran Torino" die Geschichte des Vietnam-Veteranen Walt Kowalski, der seine Vorurteile mühsam überwindet und sich mit seinen neuen Nachbarn anfreundet, die ausgerechnet aus Vietnam stammen, ganz besonders dem jungen Thao. Thao wird von einer asiatischen Jugendgang tyrannisiert. Walt unternimmt einen Versuch, dem Spuk mit Gewalt ein Ende zu setzen, verprügelt einen der Gangster und muss kurz darauf erkennen, dass die Gang nun umso brutaler zurückschlägt. Er muss einen anderen Weg finden, die Familie zu retten. Walt, der wegen seiner schlechten Gesundheit nicht mehr lange zu leben hat, legt bei Pater Janovich die Beichte ab, bringt seinen Hund bei Freunden unter und hält Thao davon ab, ihm zu folgen. Er fährt alleine zum Hauptquartier der Gang, baut sich drohend vor dem Haus auf und greift dann demonstrativ in die Innentasche seiner Jacke. Die Gangster erschießen den unbewaffneten alten Mann und merken im Kugelhagel gar nicht, dass der nur ein Feuerzeug aus der Jacke gezogen hatte. Allerdings haben Zeugen die Tat beobachtet, und so werden die Mörder verhaftet und wandern lebenslang hinter Gitter. Thao und seine Familie können im Frieden leben.

Jesus bringt in Markus 10,45 den Begriff des „Lösegelds" ins Spiel. Sklaven, Verschleppte oder Gefangene musste man freikaufen, und in manchen Gegenden der Welt läuft man auch heute noch Gefahr, als Faustpfand in einem Konflikt oder als lebender Schutzschild gekidnappt zu werden. Nicht Gott fordert in diesem Fall den Preis, sondern jene Mächte, die Menschen ausbeuten, benutzen, unterwerfen und klein halten. In Jesu Fall war das die unheilige Koalition von ängstlichen Priestern, enttäuschten Befreiungskriegern und brutalen Besatzern, und in dieser Mischung steht sie stellvertretend für alle Machtstrukturen dieser Welt.

Jesus erwartete, dass sein Tod den Teufelskreis von Bosheit und Rache, Schuld und Scham sprengt. So wie er Menschen gegenüber bisher schon im Namen Gottes aufgetreten war, so verkörperte er nun auch als „Menschensohn" *alle* Menschen in ihrem ganzen Widerspruch und Elend vor Gott. Nirgendwo wird diese Rolle Jesu deutlicher als in einigen Texten beim Propheten Jesaja, den sogenannten Gottesknechtsliedern. Das *Leiden* des „Gottesknechts" bringt dort die entscheidende Wende, nicht weil Gott es fordert oder genießt. Aber nach den Worten des Propheten belohnt er den Mut und die Selbstlosigkeit seines „Knechtes":

Deshalb gebe ich ihm seinen Anteil unter den Großen und mit den Mächtigen teilt er die Beute, weil er sein Leben dem Tod preisgab und sich unter die Verbrecher rechnen ließ. Denn er trug die Sünden von vielen und trat für die Schuldigen ein (Jesaja 53,12).

Es gibt in der Bibel und der christlichen Tradition noch eine Reihe von anderen Begriffen und Bildern, die uns helfen, das Rätsel wenigstens ansatzweise zu entschlüsseln: *Versöhnung* zum Beispiel, bei der nach einem Zerwürfnis der eine (Gott) auf den anderen (die Menschen) zugeht, um die Beziehung und das Vertrauen wiederherzustellen. Oder *Rechtfertigung* – wenn eine Anklage fallen gelassen wird, Gott uns also um Jesu willen einen Freispruch schenkt.

Immer wieder begegnet uns dabei der Gedanke der Stellvertretung. Auch das kennen wir heute noch: Im kultischen Sinn kann ein Priester stellvertretend für seine Gemeinschaft einen Ritus vollziehen, Diplomaten sind autorisiert, für ganze Länder Verträge auszuhandeln und Absprachen zu treffen, Minister und Leiter von Behörden treten (in der Regel erst auf öffentlichen Druck) zurück, und wir sagen dann, dass sie „die Verantwortung übernehmen" für das, was geschehen ist.

Realistisch gesehen: Liebe am Limit

Trotz dieser unterschiedlichen Möglichkeiten, das Kreuz zu verstehen, fragen sich Menschen immer wieder: Konnte Gott denn keinen sanfteren Weg beschreiten, um einen Ausweg aus unserer spirituellen Blindheit, seelischen Verarmung, ungesunden Beziehungsmustern und gesellschaftlichen Abwärtsspiralen zu schaffen? Warum war der Weg der Versöhnung mit Tod, Schmerzen und Trauer gepflastert? Wäre es nicht auch einfacher gegangen, etwas netter, ästhetischer und stilvoller? Hätte Gott nicht einfach ein Auge zudrücken können bei unseren allzu menschlichen Unzulänglichkeiten? Wir wissen nicht, ob Gott einen „Plan B" hatte und warum dieser nicht den Vorzug erhielt. Aber denken wir einmal andersherum:

Hätte Gott nicht so gehandelt, fehlte uns heute möglicherweise erstens eine realistische Vorstellung davon, wie schwerwiegend die Folgen unseres Handelns sind – wenn nicht immer für uns selbst, dann oft für andere. Vielleicht brauchen wir diesen Spiegel vor Augen, der uns zeigt, wie grausam und entstellend Sünde in dem oben beschriebenen Sinn sein kann, wie sie unsere Beziehungen zerstört, Persönlichkeiten verkrüppelt und Wunden schlägt. Die kleinen und großen Grausamkeiten zu verharmlosen, zu denen auch zivilisierte Menschen fähig sind, hieße eben auch, sie als „normal" hinzustellen und uns letztlich dazu zu ermuntern.

Wir hätten zweitens keine realistische Vorstellung davon, wie weit Gott in seiner Liebe zu uns gehen würde: dass er sich in Jesus derart verwundbar macht, Schmerzen in Kauf nimmt und buchstäblich Kopf und Kragen riskiert. Möglicherweise hat er das alles noch weit tiefer empfunden als wir, die wir an vielen Stellen schon so abgestumpft sind. In der St.-Patrick's-Kathedrale in Dublin kann man heute noch die „Tür der Versöhnung" bewundern. Nach einer jahrelangen, blutigen Familienfehde hatte sich im Jahr 1492 „Black James" Butler, der Earl of Ormond, mit seinen Leuten hinter dieser Tür im Kapitelsaal verschanzt und lehnte jedes Friedensangebot ab. Sein Gegner Gearoid Óg Fitzgerald, Earl of Kildare, stand draußen mit einer Übermacht. Statt das Gebäude zu stürmen oder niederzubrennen, ließ Fitzgerald ein Loch in die Tür schlagen und streckte seinen nackten Arm hindurch. Black James hätte ihm den Arm abschlagen können. Stattdessen ergriff er seine zum Frieden ausgestreckte Hand. Jesu ganzes Leben ist eine solche ausgestreckte Hand, der gewaltsame Tod als Folge seines gewaltlosen Weges aber gehört auch dazu.

Drittens fehlte uns eine realistische Vorstellung von der Macht Gottes, die selbst in extremstes seelisches und körperliches Leid noch hineinreicht. Die auch uns die Hoffnung gibt, solche Extreme noch mit Würde bestehen zu können, weil ein für alle Mal klar geworden ist, dass ein liebender und mächtiger Gott in allem, was für unser Leben wesentlich ist, das letzte Wort haben wird. Das war und ist bis heute der Trost vieler, die schwere Krankheit oder unmenschliche Grausamkeit erdulden mussten, dass wir heute keiner dieser Situationen mehr als gottverlassen durchleben müssen, wenn sie uns denn trifft.

So gesehen ist es dann vielleicht doch gut, dass Gott keinen oberflächlicheren oder „netteren" Weg gewählt hat, um mit der selbst verschuldeten Zerrissenheit unserer menschlichen Existenz fertig zu werden. So fühle ich mich auch in extremen Situationen von Gott ernst genommen und weiß, dass ich nie ins Bodenlose falle – „höchstens" in seine Hand. Der Schriftsteller und Philosoph Slavoj Žižek bemerkt dazu treffend:

Aus diesem Grund ist die genuin christliche Haltung gegenüber dem Tod Christi (...) grenzenlose Freude: der eigentliche Horizont der heidnischen Weisheit ist die Melancholie, letztlich wird alles zu Staub, man muss also lernen, sich davon zu befreien und seinem Begehren zu entsagen. Wenn es jemals eine nicht melancholische Religion gab, dann ist es das Christentum.[23]

Jesus starb, weil er überzeugt davon war: Diese Welt kann, muss und wird anders werden. Zwei Tage später gab es erste

[23] Slavoj Žižek, Die gnadenlose Liebe, Frankfurt 2001, S. 27

Anzeichen dafür, wie das gemeint war, die erklären, wie Christen auf die Idee kommen konnten, dieser Tod am Kreuz könnte für alle Menschen an allen Orten und zu allen Zeiten eine Bedeutung haben.

7. Sicher ist nur der Tod. Oder?

In den Wochen nach dem Tod von Michael Jackson am 26. Juni 2009 gab es immer wieder Einzelne, die behaupteten, den King of Pop irgendwo gesehen zu haben. Das Phänomen war schon von Elvis bekannt, unter dessen Anhängern ja auch einige wenige nicht glauben wollten, dass er wirklich tot ist. Als „Beweis" dafür, dass die Legende noch lebt, wurden unscharfe, verpixelte Fotos präsentiert und abstruse Theorien in Umlauf gebracht: Er sei vor den Geldforderungen seiner Gläubiger geflohen, zum Beispiel, und die Beerdigung im goldenen Sarg nur eine große Täuschung. Ist also die Behauptung, Jesus sei von den Toten auferstanden, das Resultat eines schiefgelaufenen Trauerprozesses, der über das Verleugnen der harten Wirklichkeit nie hinauskam? Oder geht es hier um etwas qualitativ anderes – sowohl von dem, was mit „Auferstehung" gemeint ist, als auch von der Glaubwürdigkeit der Berichte her?

Die Menschen zur Zeit des Neuen Testaments waren naturwissenschaftlich nicht auf unserem Stand, aber die grundlegenden Dinge des Lebens verstanden sie ziemlich gut. Dazu gehörte das unverrückbare Wissen, dass der Tod eine endgültige Sache ist. Krankheiten, Alter und Sterben waren noch nicht aus den Häusern in die Abgeschiedenheit von Kliniken und Altenheimen verbannt worden. Mit dem Tod hatten die Leute mehr Erfahrung als die meisten von uns heute. Zu diesem Realismus trug die Religion ihren Teil bei: Im Judentum zur Zeit Jesu war die Frage umstritten, ob Gott am Ende der Weltgeschichte alle seine Gerechten vom Tod auferwecken würde. Wohlgemerkt: nicht, um sie körperlos durch den Äther driften zu lassen, sondern als Menschen aus Fleisch und Blut auf dieser von ihm geschaffenen Erde. Aber kaum jemand wäre wohl auf die Idee gekommen, dass lange *vor* diesem Ende ein *Einzelner* körperlich auferstehen würde. Das Weiterleben in Erinnerungen und Idealen dagegen oder ein Aufgehen im „großen Ganzen" hätte niemand als Auferstehung bezeichnet.

Bis zum Ende waren die Toten also – tot. Die Vorstellung von einer „unsterblichen Seele", einem körperlosen Dasein ist für einen Juden undenkbar: Leben ist immer körperlich und konkret. Und selbst bei den Griechen wanderten die Seelen der Toten ein für alle Mal in die Schattenwelt, ohne jede Hoffnung auf eine Rückkehr. Der Hades wird als düsterer, trauriger Ort beschrieben, an dem es keine Entwicklung mehr gab – die Negativfolie all dessen, was uns das Leben schön und kostbar erscheinen lässt. Ein unterirdisches Endlager verbrauchter Leben, in denen bestenfalls noch eine minimale Reststrahlung vorhanden war, aus der weder Wärme noch Bewegung gewonnen werden konnte.

Es war also nicht so, dass man damals jede Sekunde damit rechnete, dass irgendwer von den Toten auferstehen würde, und daher bei der erstbesten Gelegenheit in Euphorie verfiel. Zwei Tage nach Jesu Hinrichtung hatten sich allerdings einige ungewöhnliche und schwer zu erklärende Dinge ereignet: Schon am Morgen fanden drei Frauen das Felsengrab leer. Die Steinplatte vor dem Eingang war weggerollt worden. Und dann begann eine Reihe von ganz unterschiedlichen Begegnungen mit Jesus, die sich alle in einem Punkt gleichen: Die Betroffenen sind grenzenlos überrascht. Einerseits ist Jesus klar identifizierbar – vor allem dann, wenn er spricht –, aber auch von sichtbaren Wundmalen ist die Rede. Andererseits taucht er abrupt auf und verschwindet ebenso plötzlich wieder, und manches an seiner äußeren Erscheinung mutet zuweilen auch so fremd an, dass ihn nicht alle auf Anhieb erkennen.

Es geht hier also um ein Ereignis, zu dem es in der Geschichte der Menschheit, der Wissenschaft und selbst der Religionen keinerlei Entsprechungen gibt. Niemand hat die Auferstehung beobachtet und wurde Zeuge des Vorgangs, nur über das Ergebnis gibt es Aussagen. Es gibt keine Fotos oder Videoaufnahmen davon (und wenn es sie gäbe, würden wir darüber streiten, ob sie manipuliert sein könnten). Wie bei allen einmaligen Ereignissen stellt sich also die Frage, wie glaubwürdig die Schilderungen und Zeugenaussagen sind, die uns vorliegen.

Ein leeres Grab gibt Rätsel auf

Natürlich gab es sofort eine Reihe von „Erklärungsversuchen", als erste Gerüchte die Runde machten, Jesus sei lebendig gesehen worden: Jesus sei – so etwa wird das von Elvis und Michael Jackson ja auch gesagt – ja gar nicht richtig tot gewesen und aus dem Grab entkommen. Andere vermuteten, seine Leiche sei aus dem von Soldaten bewachten Grab heimlich entfernt worden. Aber weder die Grabwache noch das Hinrichtungskommando waren Anfänger. Sie verstanden sich auf ihr Handwerk.

Handelte es sich vielleicht um Spuk oder um Halluzinationen von Menschen, die mit ihrer Trauer nicht fertig werden? Der Einwand ist naheliegend, aber die Anzahl der verschiedenen Personen, Anlässe und Orte, von denen die Evangelien berichten, ist einfach zu groß – Gruppenhalluzinationen dieses Ausmaßes sind in der Psychologie bisher nicht bekannt. Im ersten Brief an die Korinther zählt Paulus die Ereignisse auf:

Christus ist für unsere Sünden gestorben, gemäß der Schrift, und ist begraben worden. Er ist am dritten Tag auferweckt worden, gemäß der Schrift, und erschien dem Kephas, dann den Zwölf. Danach erschien er mehr als fünfhundert Brüdern zugleich; die meisten von ihnen sind noch am Leben, einige sind entschlafen. Danach erschien er dem Jakobus, dann allen Aposteln. Als Letztem von allen erschien er auch mir, dem Unerwarteten (1. Korinther 15, 3–8).

Was die Evangelien über den auferstandenen Jesus erzählen, hat nichts mit Fabeln oder Legenden zu tun. Er scheint zwar aus einer anderen Dimension zu kommen, aber er sprach und saß mit seinen Jüngern an einem Tisch, und das mehr als einmal. Die Verblüffung darüber ist in diesen Geschichten fast noch mit Händen zu greifen – keine Spur von Genugtuung und Triumph, auch kein gönnerhaftes Zitieren von Bibelstellen, als wäre das ja alles zu erwarten gewesen. Es dauerte sieben Wochen, bis sie öffentlich darüber reden konnten. Und obwohl sie in vielen Dingen übereinstimmten, gibt es in den verschiedenen Texten auch die eine oder andere Unstimmigkeit. Glaubwürdig sind sie nicht trotz, sondern genau *wegen* dieser Unterschiede: Zeugenaussagen hält die Polizei ja auch dann für verdächtig, wenn sie sich zu sehr gleichen.

Es hätte für die Jünger nach dem Tod Jesu naheliegende Alternativen gegeben, das Gesicht zu wahren und „seine Sache" fortzuführen. Wäre das Grab nicht leer gewesen, hätte man, wie bei anderen Propheten durchaus üblich, eine Art Wallfahrtsort aus ihm machen können. Und auch eine andere Parallele schien hier nicht zu passen: Es gab in der antiken Mythologie zwar einzelne Götter, die starben und auferstanden. Aber erstens waren das gerade *keine* Menschen und zweitens taten sie das regelmäßig, nämlich im Zyklus der Jahreszeiten. Ein solches zyklisches Verständnis fehlt hier aber.

Dagegen war die einmalige, leibliche Auferstehung Jesu für Juden wie Römer eine völlig fremde Vorstellung. Wer eine solch gewagte These wider besseres Wissen lancierte, wäre ganz schlecht beraten gewesen, wenn er ausgerechnet ein paar Frauen als Zeugen für das leere Grab und die ersten Begegnungen mit Jesus angeführt hätte. Vor Gericht galt damals die Zeugenaussage einer Frau nicht. Mit solchen Zeugen macht man sich bei gewagten Behauptungen erst so richtig unglaubwürdig.

Es sei denn, es hat sich eben einfach so zugetragen. Der Physiker John Polkinghorne hat daran erinnert, dass niemand den Urknall miterlebt hat. Forscher halten die Theorie dennoch für plausibel, weil sie zu ihren Beobachtungen passt. Im Grunde, sagt er dann, sei es mit der Auferstehung ganz ähnlich: Wir fragen nach einem besonderen auslösenden Ereignis, weil wir die geschichtlichen Schockwellen dessen, was sich damals ereignet hat, heute noch registrieren: Die ersten christlichen Gemeinden erleben trotz Diskriminierung ein rasantes Wachstum. Überall im Römischen Reich breiten sie sich aus. Feiglinge werden zu mutigen Bekennern, eingefleischte Egoisten entwickeln eine erstaunliche Opferbereitschaft. Seither sind überall auf der Welt viele Millionen Menschen aufgrund ganz unterschiedlicher persönlicher Erfahrungen zu derselben Gewissheit gekommen: Jesus ist nicht einfach nur eine Gestalt der Geschichte, nicht nur ein bedeutender Lehrer oder ein heroischer Mensch, er ist lebendig und man kann ihm – und durch ihn Gott selbst –

begegnen. Der jüdische Schriftsteller Pinchas Lapide hat das vor einigen Jahren so kommentiert:

Wenn eine geschlagene und zermürbte Jüngerschar sich über Nacht in eine siegreiche Glaubensbewegung verwandeln konnte, lediglich aufgrund von Autosuggestion oder Selbstbetrug – ohne ein durchschlagendes Glaubenserlebnis –, so wäre das im Grunde ein weit größeres Wunder als die Auferstehung selbst ...[24]

Jesus in einem neuen Licht

Propheten, Lehrer, Wundertäter hatte es in Israel schon vor Jesus gegeben, und niemand war je auf die Idee gekommen, sie für Gott zu halten. Wer Jesus aber *tatsächlich* ist, wird erst in der Auferstehung deutlich. An den Beginn seines Briefes an die Römer stellt Paulus die Botschaft von Jesus,

... der dem Fleisch nach geboren ist als Nachkomme Davids, der dem Geist der Heiligkeit nach eingesetzt ist als Sohn Gottes in Macht seit der Auferstehung von den Toten, das Evangelium von Jesus Christus, unserem Herrn (Römer 1,3–4).

Wenn Paulus Jesus hier provokativ als „Herrn" (griechisch: *Kyrios*) bezeichnet, gibt er ihm denselben Titel, den der Kaiser in Rom trug. Und er benutzt dieselbe Anrede, die ein Jude für Gott wählte. Dass Jesus für Christen nicht ein Mensch unter anderen und auch nicht einfach nur ein ziemlich außergewöhnlicher Mensch ist, wird erst in der Auferweckung deutlich. Wenn man von dort aber zurückblickt auf das Leben Jesu, dann kann man weitere Anhaltspunkte dafür finden, dass dieser Mensch und sein Vater im Himmel tatsächlich in einer einzigartig engen Beziehung zueinander standen.

[24] Idea 15/2001

Paulus bezeichnet Jesus etwas später im Römerbrief als den „Erstgeborenen aus den Toten". Die Wortwahl spiegelt das wider, was schon in den Auferstehungsberichten zu spüren ist: Einerseits ist da eine völlig neue Qualität des Lebens anzutreffen, andererseits hat sie erkennbar mit dem zu tun, was vorher war. Die Auferweckung von den Toten ist ein zweiter Schöpfungsakt Gottes, diesmal allerdings nicht „aus dem Nichts" wie am Beginn der Zeit, sondern aus dem Alten, dem Vergänglichen, dem sterblichen Leben. Wir können sie uns, um für dieses Verhältnis von Alt und Neu einen Vergleich aus der Natur zu bemühen, in etwa so vorstellen: Eine Raupe verpuppt sich, und nach einiger Zeit schlüpft aus dem Kokon ein Schmetterling, der ihm äußerlich gar nicht mehr ähnlich sieht. Jesus als der Erstgeborene ist uns und unserer Welt also einen entscheidenden Schritt voraus und hat ein neues Stadium des Lebens, ein neues Kapitel der großen Geschichte erreicht. Zugegeben: ein gewagter Gedanke!

In der Rückschau von Ostern her, mit dem Wissen um die Auferstehung, erscheinen auch das irdische Leben und Wirken Jesu in einem neuen Licht. Er ist kein gescheiterter Messias, sondern er hat einen viel größeren Feind überwunden, als seine Anhänger hofften und seine politischen und religiösen Gegner fürchteten: den Tod selbst und mit ihm seine Vorboten: Einsamkeit, Isolation, Hass, Krankheit, Unrecht, Unterdrückung und Angst. „Tod, wo ist dein Stachel?", fragt Paulus selbstbewusst. Weil Gott sich zu dem Gekreuzigten stellt, kehrt sich das Urteil gegen die, die es gefällt haben: Nicht Jesus war im Unrecht, sondern all jene, die ihn verurteilt, verraten und verlassen hatten. Gott hat die Verhältnisse auf den Kopf gestellt: Der Gewaltlose triumphiert über die Militärmaschine, der Verachtete über die Selbstherrlichen und die Liebe erweist sich stärker als der Tod. Das Gebet Jesu am Kreuz war erhört worden: „Vergib ihnen, denn sie wissen nicht, was sie tun." Die unsichtbaren Fäden, die Menschen immer wieder auf vergangenes Versagen zurückwerfen, sind durchtrennt. Deshalb heißt es auch im Neuen Testament:

Viele Male und auf vielerlei Weise hat Gott einst zu den Vätern ge-sprochen durch die Propheten; in dieser letzten Zeit aber hat er zu uns gesprochen durch den Sohn, den er zum Erben des Alls einge-setzt und durch den er auch die Welt erschaffen hat (Hebräer 1,1–2).

In Jesus begegnet uns Gott so unmittelbar und so kon-zentriert wie nirgendwo sonst. Er ist, salopp gesagt, Gottes letztes Wort. Wenn wir uns dessen, was wir sagen, nicht voll-kommen sicher sind, sagen wir ab und zu bildhaft: „Darauf darfst du mich nicht festnageln." Jesus hat erklärt, dass Gott uns bedingungslos liebt, und uns gezeigt, dass Gott sich auf diese Liebe ganz buchstäblich festnageln lässt. Der Theologe Gustaf Aulen hat einmal geschrieben:

Die biblischen Gottessymbole sind vielfältig und vielfarbig, ja, man möchte sagen, sie leuchten in allen Farben des Spektrums. Diese vielfachen Lichtfarben treffen sich in einem Brennpunkt, in dem das Licht mit gesammelter und voller Kraft leuchtet, eben in dem Christus, von dem es in der Bibel heißt, er sei der „Widerschein von Gottes Herrlichkeit". Das bedeutet nicht, dass der Gott, der hier „gesehen", „geschaut" wird, nicht mehr der „Unsichtbare", der „im Verborgenen Wohnende" wäre. Wohl aber bedeutet es, dass das Gottesbild hier eine Darstellung erhalten hat, die nicht überboten oder wegretuschiert werden kann.[25]

Ein Discounter hatte vor einer Weile eine Kaltschaum-matratze im Angebot. Ich fuhr in das Geschäft, konnte dort

---

[25] Gustaf Aulén, Das Drama und die Symbole. Die Problematik des heutigen Gottes-bildes, Göttingen 1965, S. 6f.

aber keine Matratze finden. Also fragte ich an der Kasse nach, wurde nach hinten geschickt, fand nichts und fragte erneut. Der freundliche Mitarbeiter führte mich schließlich zu einer Palette. Dort waren die Matratzen – vakuumverpackt und handlich eingeschrumpft auf ein Viertel der Packungsgröße, und auf ein ganz anderes Format, als ich erwartet hatte. Die automatische „Mustererkennung" in meinem Kopf hatte nicht funktioniert. Auf dem Heimweg, es war kurz vor Weihnachten, kam ich ins Nachdenken: Kann es sein, dass Gott in dem Menschen Jesus von Nazareth in einer unerwartet kleinen Verpackung gekommen ist – jedenfalls nicht in dem Format, mit dem seine Zeitgenossen damals gerechnet hatten? Müssen also die Erwartungsmuster in unseren Köpfen im Blick auf Gott nicht gründlich korrigiert werden?

Das Fenster in die Zukunft

Ich habe Tolkiens „Herr der Ringe" schon erwähnt. Die Geschichte wurde in drei Teilen verfilmt, die im Abstand von je einem Jahr in die Kinos kamen. Monate vor dem Kinostart des zweiten Teils erschienen bereits die Trailer im Internet und in den Kinos. Kurze Ausschnitte deuteten an, worauf sich das Kinopublikum freuen durfte. Ganz ähnlich ist es mit der Auferweckung Jesu: Hier öffnet Gott die Tür zu einer neuen Welt einen Spaltbreit und lässt uns einen kurzen Blick auf das werfen, was kommt und was in der Person Jesu als Prototypen schon begonnen hat. Nur dass es hier nicht um eine Fortsetzung unter ähnlichen Bedingungen geht, sondern, wie beim Schmetterling, um einen Quantensprung.

Allerdings, und das steckt in der Vorstellung einer *leiblichen* Auferstehung eben auch drin, spielt das Leben hier und jetzt auch in diesem kommenden Stadium eine Rolle. Es ist nicht einfach vergessen und obsolet, kein überflüssiger Ballast, der auf den Müllhaufen der Geschichte wandert. Sondern unsere persönliche Geschichte, wie die unserer Völker und Zivilisationen, wird auch in Zukunft eine Rolle spielen. Und alles, was daran gut und einzigartig war, bildet dann den Grundstock der erneuerten Welt, auf die der auferstandene Jesus unseren Blick lenkt. Wir werden einander wiedererkennen, Erinnerungen austauschen und – das ist ja die Quintessenz von „Leben" – heile und gesunde Beziehungen auf allen Ebenen erleben. Alles, was uns gegenwärtig vielleicht nur in Ansätzen gelingt und dann bruchstückhaft bleibt, wird dann vollendet werden.

All das gilt auch für die nicht menschliche Natur, wie Paulus schon wusste. Er spricht im achten Kapitel des Römerbriefs davon, dass die ganze Schöpfung auf ihre Erlösung wartet. Das ist ein Abschnitt, über den manche Christen geflissentlich hinweggelesen haben. Sonst hätten sie ja erkennen müssen, dass Umweltzerstörung und Raubbau an den natürlichen Lebensgrundlagen sicher nicht gemeint waren, wenn es im Buch Genesis heißt: „Macht euch die Erde untertan", sondern dass es um Ehrfurcht vor dem Leben, ein gesundes Haushalten und nachhaltiges Wirtschaften geht. Für Paulus aber ist Gott niemand, der den alten Planeten am Ende in die Luft jagt, sondern der große Gärtner, der sein geschundenes Ökosystem behutsam wieder ins Lot bringt.

Natürlich wurde immer wieder versucht, diese großartige Vision der neuen Schöpfung zurechtzustutzen, in der Hoffnung, sie irgendwie „glaubwürdiger" zu machen. Aber ohne Körper haben wir keinen Bezug zu unserer Umwelt, wir sind eben eine psychosomatische Einheit. Körperlichkeit bedeutet

Leben in Beziehungen und es bedeutet Geschichte, Zukunft und Erinnerung. Unser modernes Fortschrittsdenken hat versucht, die Menschheit ohne Kreuz und Tod zur Vollendung zu führen. Die Ideologien des Marxismus wie des Kapitalismus haben gezeigt, dass bei der Verwirklichung dieser Vision einer besseren Welt zahllose Menschen auf der Strecke bleiben mussten. Das Problem westlicher Vernunftreligion lautete also: Selbst wenn die Menschheit am Ende das Ziel (eine „bessere Welt") erreichen sollte, werden das viele von uns nie erleben und die Früchte ihrer Arbeit und ihres Verzichts nie ernten. Die Art überlebt, das einzelne Exemplar nicht.

Nach dem Zusammenbruch des Fortschrittsoptimismus in den globalen Krisen der letzten Jahrzehnte ist uns überhaupt ein lohnendes Ziel abhandengekommen. Also investieren viele gar nicht mehr in die Zukunft, sondern konsumieren, ohne sich um die Folgen zu kümmern. Dem privaten Streben nach individuellem Glück entspricht die diffuse Vorstellung von einem Weiterleben der Seele im Jenseits. Süffisant gesagt liefe das auf die Haltung hinaus: Mag die Erde ruhig ins Chaos stürzen, wir schauen von unserer sicheren Wolke aus in Ruhe zu.

Der Tod führt uns unerbittlich vor Augen, dass menschliches Leben so beschädigt ist, dass es aus sich selbst heraus keine Vollkommenheit erreichen wird. Er verbirgt unsere persönliche Zukunft und die Zukunft der Welt vor unseren Augen. Der Glaube aber gibt uns die Hoffnung, dass auch das wenige Gute, das wir zu tun imstande sind, nicht vergeblich ist, sondern seinen Sinn hat. Und auch wenn der Weg zum Gipfel der Geschichte durch ein finsteres Tal führt, in das wir nicht hineinsehen können, so besteht unsere Sicherheit darin, dass einer es schon durchschritten hat.

Spannende Zeitansage

Wir können uns eigentlich diese Hoffnung kaum groß genug ausmalen. Lassen Sie uns ein kleines, spekulatives Gedankenexperiment machen, um unsere Vorstellungskraft zu stärken: Stellen Sie sich vor, auf den Seiten dieses Buches lebt Tom, ein zweidimensionales Wesen. Selbst wenn die Papierfläche unendlich groß wäre, kann er nur zwei Dimensionen wahrnehmen. Sie und ich als dreidimensionale Wesen könnten uns Tom überall in seiner Welt bis auf Bruchteile von Millimetern nähern, ohne dass er es bemerkt (solange wir kein Loch in das Papier bohren). Wir könnten allerdings etwas auf sein großes Blatt malen, könnten es erweitern und mit anderen Blättern zusammenkleben, wir könnten es aber auch zerreißen oder zerknittern. Sie verstehen, worauf ich hinauswill? Unsere vierte Dimension, das wissen wir seit Einstein, ist die Zeit. Allerdings können wir uns darin, anders als im Raum, nicht frei bewegen. Nehmen wir für einen Moment einmal an, dass die Auferstehung unserem bisherigen Dasein ein, zwei oder mehr Dimensionen hinzufügt – Physiker spekulieren zurzeit darüber, dass es bis zu zehn Dimensionen geben könnte.[26] In so einem Fall könnte Jesus uns erstens immer und überall ganz nahe sein, ohne dass wir das unbedingt sehen oder spüren würden. Er könnte aber auch in unser Leben eingreifen oder, so wie damals nach der Auferstehung, in den drei Dimensionen unserer Welt auftauchen und wieder verschwinden. Rings um uns her könnte längst die erneuerte Welt heranwachsen, und wir würden es erst bemerken, wenn unsere Augen dafür geöffnet werden. Bis dahin hätte es, aus

---

[26] Vgl. Spiegel Online Wissenschaft vom 20.05.2007 (http://www.spiegel.de/wissenschaft/weltall/0,1518,483305,00.html)

dreidimensionaler Perspektive betrachtet, vielleicht immer noch den Anschein, als täte sich nicht viel.

Große historische Krisen kommen – im Guten wie im Bösen – für die unmittelbar Betroffenen oft scheinbar aus heiterem Himmel. Ludwig XVI. soll 1789, am Morgen vor dem Sturm auf die Bastille, in sein Tagebuch geschrieben haben: „Nichts los." Erich Honecker verkündete, dass die Berliner Mauer und der Todesstreifen ewig stehen bleiben würden, nur wenige Wochen später hatte eine geschichtliche Flutwelle sein Regime weggespült. Große Weltreiche sind unvermittelt zusammengebrochen. Bis zuletzt hatten sie unüberwindbar ausgesehen. Aber niemand merkte, dass der Untergrund schon eine Weile bebte und wie es hinter der Fassade ächzte und knirschte. Mitten in dieser alten Welt erleben wir die Geburtswehen der neuen, sagt Paulus. Eine spannende Zeitansage!

Für die ersten Christen bedeutete das praktisch gesehen, Jesus, sein Beispiel und seine Lehren zum Maßstab für ihr eigenes Leben zu machen. Und selbst in den düstersten Momenten nicht aufzuhören, andere zu lieben und ihnen Gutes zu tun, weil auch die kleinste gute Tat etwas Unvergängliches war.[27]

Nichts ist egal

Der Gedanke an den Tod, vor allem dann, wenn man den Tod als endgültig betrachtet, begünstigt eine egozentrische Lebenshaltung. Nehmen wir das Klimaproblem einmal stellvertretend für alle Formen von Selbstsucht und – sagen wir es

---

[27] Vgl. 1. Korinther 15,58: „Daher, geliebte Brüder, seid standhaft und unerschütterlich, nehmt immer eifriger am Werk des Herrn teil, und denkt daran, dass im Herrn eure Mühe nicht vergeblich ist."

ruhig – Bosheit: Leben auf Kosten anderer also. Selbst Immanuel Kant, dem eigentlich alle Spekulation zuwider war, konnte nicht anders, als im Namen der „praktischen Vernunft" darauf zu wetten, dass es Gott und ein ewiges Leben gibt.

Denn der Tod begrenzt die Folgen meiner schlechten Taten, so dass ich mich vor ihnen nicht mehr so richtig zu fürchten brauche. Bis sie mich treffen könnten, bin ich vielleicht schon nicht mehr da. Die wahren Konsequenzen unseres Lebensstils erleiden ja oft erst kommende Generationen in voller Härte. Zugleich würde alles Gute, das ich heute tue, seine Wirkung auch erst allmählich entfalten. Insofern verhindert der Tod also gleichzeitig auch noch, dass ich die Früchte meiner positiven Mühen und meines Verzichts ernte.

Das Motto „Lasst uns essen und trinken, denn morgen sind wir tot" ist also durchaus plausibel und wird in einer Kultur des grenzenlosen Individualismus, wo sich längst niemand mehr gegenüber seiner Sippe, dem Stamm oder seinem Volk verantwortlich fühlt, zum Überlebensrisiko: Lasst uns Schulden machen, lasst uns die Umwelt verpesten, lasst uns Konflikte eskalieren und Gräben vertiefen, und lasst andere sehen, wie sie damit klarkommen. Uns hat auch niemand gefragt, ob wir die Suppe auslöffeln wollen, die man uns eingebrockt hat. Gut und Böse sind vor dem Tod nicht mehr zu unterscheiden, wie Reinhard Mey in seinem Lied „Der Schuttabladeplatz der Zeit" feststellte:

Da lag der von der Vogelweide bei dem Käthchen von Heilbronn,
die hohe Messe in h-moll neben einem Akkordeon,
neben gescheiterten Argumenten die Reden eines Präsidenten;
Pornografie und Strafgesetz in friedevoller Einigkeit am Schutt-
abladeplatz der Zeit.

Und er zieht aus der albtraumhaften Szene die Konsequenz:
Das sei mir eine Lehre für mein Streben: Warum soll ich mir noch Mühe geben?
Es landet alles, ganz egal, ob saublöd oder ob gescheit, am Schuttabladeplatz der Zeit.

Der Tod verharmlost das Böse und trivialisiert das Gute. Nur wer an die Auferweckung glaubt, pflanzt heute noch das sprichwörtliche Apfelbäumchen und packt irgendeines der anderen komplexen Probleme an, die man vielleicht in einer einzigen Generation gar nicht in den Griff bekommt. Angesichts der Dimensionen von Unrecht und Zerstörung scheint uns selbst die heldenhafte Tat Einzelner oft genug nur ein Tropfen auf den heißen Stein zu sein. Natürlich gibt es auch Idealisten, die an keine Auferstehung glauben und trotzdem Gutes tun. Gott sei Dank für ihre Inkonsequenz! Hoffentlich halten sie noch lange durch, oder – noch besser – hoffentlich entdecken sie, dass es tatsächlich eine Hoffnung über den Tod hinaus gibt. Dann nämlich unterlassen wir Menschen das Gute nicht mehr, weil wir nicht mehr daran zweifeln können, dass es sich lohnt.

Die biblische Auferstehungshoffnung unterstreicht nämlich auch dies: Gut und Böse sind nicht dasselbe. Und der „erste Tod", wie es beim Seher Johannes heißt, das „natürliche" Sterben, das dann aber eben zur Auferweckung führt, begrenzt das Böse. Das Gute dagegen, auch die kleinste Kleinigkeit, ist niemals vergeblich getan. Nicht nur andere ernten diese Früchte, auch wir selbst werden sie genießen, wenn Gott seine Schöpfung der Vergänglichkeit entreißt.

8. Die Kraft des Neuen

Vielleicht ist Ihnen das auch schon passiert. Sie fragen jemanden zum Beispiel: „Wer hat die Blumen auf den Tisch gestellt?", oder: „Wer hat den Schraubenzieher aus der Schublade genommen?" Ihr Gegenüber weiß die Antwort nicht und sagt scherzhaft oder achselzuckend: „Der Heilige Geist." Die Tatsache, dass er als ein (in der Regel unbedrohliches) Spukphänomen behandelt wird oder dafür herhalten muss, dass uns die Erklärungen ausgehen, zeigt ganz gut, dass die meisten Menschen kaum eine Vorstellung davon haben, wer der Heilige Geist ist und woran man sein Wirken erkennen kann.

In unserem persönlichen Leben lieben wir als Gewohnheitstiere Überraschungen und Unterbrechungen nur sehr bedingt, oft machen sie uns Angst. Und in Gruppen und Gemeinschaften von Menschen wird jede Veränderung schnell als Störung der Ordnung empfunden, vor allem von den Einflussreichen und Mächtigen. Auch in den Kirchen, die in ihrer Geschichte immer wieder Gefahr liefen, zu erstarren und an Anziehungskraft zu verlieren. Ebenso heute, wenn man der provozierenden Schlagzeile der „Nürnberger Nachrichten" zu Pfingsten 2004 glauben darf: „Im Jammertal. Die Kirchen in Deutschland: Zu wenig Geist, kaum Kraft, kein Feuer".

Immer wieder gab es in der Geschichte der Christenheit aber auch Aufbrüche, die Verkrustungen überwanden und eine neue Lebendigkeit brachten. Dabei entdeckten die Menschen: Der Heilige Geist ist mehr als eine unpersönliche Kraft. Er ist der Geist Jesu Christi, oder wie ein reformierter Theologe sagte: Er ist „Christus in Aktion". Der Heilige Geist

ist kein diffuses „Etwas", und auch wenn man ihn nicht direkt sehen kann, ist seine Wirkung sehr wohl erkennbar.

Innerhalb weniger Wochen waren die Erscheinungen des auferstandenen Jesus beendet, aber dafür häufte sich ganz plötzlich etwas anderes: intensive Begegnungen mit dem göttlichen Geist. Das ist das große Thema der Apostelgeschichte, in deren Verlauf die „Jünger" und „Anhänger des Weges" von ihrer Umgebung immer häufiger als „Christen" bezeichnet wurden: Nachahmer des Christus, die – so die Klage – die Welt auf den Kopf stellten. Der Geist war nicht nur die Kraft hinter den Wundern und Heilungen Jesu. Er ist auch die Kraft, die seine Auferweckung bewirkt hat und die seitdem von Jesus auf seine Nachfolger übergeht. Nun ist es ihre Sache, in seine Fußstapfen zu treten und der Welt einen Vorgeschmack auf die neue Schöpfung zu schenken.

Eine schöpferische Macht

Tatsächlich finden wir Gottes Geist schon im allerersten Kapitel der Bibel am Werk: in der Schöpfung. Bevor dieser Prozess beginnt, in dem Gott aus Dunkelheit und Chaos Ordnung und Leben schafft, lesen wir in Genesis 1,2 davon, wie der „Geist über dem Wasser schwebt". Bevor Gott das erste Wort spricht, ist der Geist da und brütet buchstäblich über alldem, was werden soll. Das hebräische Wort „Ruach" kann Geist, Atem oder auch Wind bedeuten. Der Wind ist ein wunderbares Bild dafür, wie Gottes Geist wirkt: Er beeinflusst unser Leben, indem er uns Regen oder Trockenheit, Wärme oder Kälte bringt. Man kann ihn nicht fassen und kontrollieren, spürt aber seine Kraft – manchmal ganz sanft, manchmal aber auch gewaltig. Und wenn wir im nächsten

Kapitel lesen, wie Gott den Menschen aus Erde formt und ihm den Lebensatem einhaucht, dann ist auch hier wieder der Geist am Werk:

Da formte Gott, der Herr, den Menschen aus Erde vom Ackerboden und blies in seine Nase den Lebensatem. So wurde der Mensch zu einem lebendigen Wesen (Genesis 2,7).

Die Menschen des Alten Testaments verstanden das nicht so, dass der Schöpfer die Welt konstruierte wie ein Ingenieur eine Maschine, die nun von selbst läuft. Gott bleibt an seinen verletzlichen Geschöpfen interessiert und hält sie am Leben. Würde er seinen Geist zurückziehen, würden Mensch und Tier zu Staub zerfallen. Wo er aber wirkt, da entsteht neues Leben, und bestehendes Leben wird erhalten und erneuert:

Verbirgst du dein Gesicht, sind sie verstört; nimmst du ihnen den Atem, so schwinden sie hin und kehren zurück zum Staub der Erde. Sendest du deinen Geist aus, so werden sie alle erschaffen und du erneuerst das Antlitz der Erde (Psalm 104,29–30).

Das ist also das Erste, was wir über Gottes Geist erfahren: Er wirkt schöpferisch, er belebt und er erhält bedrohtes und vergängliches Leben. Doch nicht nur das: Er entfaltet es weiter, er begleitet die Entwicklung der Geschöpfe, ganz besonders die der Menschen. Sprache, Kultur, Ansätze zu einem Gemeinwesen, fürsorgliche Kooperation, kreative Spannung zwischen unterschiedlichen Personen, eine immer weiter wachsende versöhnte Vielfalt, das ist seine Handschrift. Durch den Geist als verbindendes Glied wird das Gegenüber und damit die Beziehung zwischen Gott und seinen Geschöpfen überhaupt erst möglich. Und trotz des tragischen Bruchs zwischen den Menschen und Gott, der sich in unseren vielfältigen Erfahrungen gestörter Beziehungen widerspiegelt, erhält der Geist Gottes das beschädigte und geschwächte Leben seiner Geschöpfe, damit am Ende alles neu werden kann und sich der ursprüngliche Plan Gottes doch noch erfüllt. Man muss sich daher auch den „Himmel" keineswegs als einen ewig-seligen (und damit langweiligen) Stillstand vorstellen.

Wenn Gott selbst Schöpfer und Künstler ist, dann können wir auch erwarten, dass dort, wo er wirkt, Menschen dazu angeregt werden, Kunstwerke unterschiedlichster Art zu schaffen. Und dass diese Kunst ihrerseits auf Menschen, die mit ihr in Berührung kommen, eine inspirierende Wirkung entfaltet – sei es nun Musik, Architektur, Malerei oder Literatur. Es geht dabei keineswegs nur um Spitzenleistungen: Selbst Menschen ohne außergewöhnliche Begabungen entdecken unter dem Einfluss des Heiligen Geistes, dass sie mit ihren Fähigkeiten für andere zum Geschenk werden können. Der Musiker Lenny Kravitz sagte einmal:

Gott hat uns alles gegeben, was wir brauchen, um zu überleben und zu wachsen. Uns ist ein Geist gegeben, der die Möglichkeit hätte, beinah alles zu tun. (…) Ich glaube, Träume sind der Anfang vieler großer Taten. Eine Flamme, die in dir brennt, kann die Welt verändern. Oder deine eigene kleine Welt verändern. Woher auch immer dieses Bedürfnis kommt, dieser Traum – es muss etwas Spirituelles sein. Es muss von Gott kommen.[28]

Hoffnungsträger

Israel musste sich gerade zu Beginn seiner Geschichte immer wieder gegen übermächtige Nachbarvölker behaupten. Der Zusammenhalt innerhalb dieses Nomadenvolkes war schwach,

---

[28] Die Zeit, Nr. 31/2008, S. 32

und kaum einer hatte den Mut, etwas gegen die Bedrohung zu unternehmen. In solchen Situationen waren es einzelne Männer, die sogenannten „großen Richter", auf die Gottes Geist unerwartet fiel. Und plötzlich war ein eher unsicherer und zurückhaltender Mensch wie Gideon, der bis dahin als Kämpfer und Anführer nie in Erscheinung getreten war (vgl. Richter 6,34), plötzlich in der Lage, das Blatt zu wenden. Gott erscheint hier zwar – das ist uns heute aus gutem Grund fremd – im Zusammenhang mit kriegerischen Konflikten, aber er erscheint auf der Seite der Underdogs, die zahlenmäßig unterlegen und schlecht ausgerüstet waren. Und so ging ein Ruck durch das verwahrloste Volk, der Widerstand wurde organisiert und der neu erstarkte Mut sorgte dafür, dass trotz zahlenmäßiger und waffentechnischer Überlegenheit der Feinde der Sieg an die Stämme Israels ging. Führer wie Gideon oder später der bärenstarke, aber leichtsinnige Simson (vgl. Richter 16) wurden dabei nicht zu strahlenden Helden verklärt. Ihnen unterliefen immer wieder auch schwere Fehler. Dennoch wurden sie für Israel zu lebenswichtigen Hoffnungsträgern.

Dazu zählen für Israel auch die Propheten. Bei den Nachbarn in Ägypten oder im Zweistromland galten die Könige als Verkörperung der Götter, die Priester und das Personal der Kultorakel waren von ihnen wirtschaftlich abhängig, Systemkritik daher praktisch ausgeschlossen. Der Gott Israels dagegen schickte immer wieder einzelne Männer, die den Königen ordentlich die Meinung sagten, und das in aller Öffentlichkeit – ein äußerst seltenes Phänomen in der Religionsgeschichte! Sie traten immer dann in Erscheinung, wenn die Existenz Israels von innen oder außen bedroht war. Sie klagten das Recht der Unterdrückten ein und prangerten die Überheblichkeit der Mächtigen an. Sie warnten vor den Folgen kurzsichtiger Politik und forderten Israel heraus, seiner einzigartigen Bestimmung treu zu bleiben, nämlich ein Gegenbild zu den Regimen seiner Umgebung und deren kultischer Verklärung in einen kriegerisch-gefräßigen Götterhimmel zu bilden. Solche Selbstkritik, schreibt Richard Rohr vom Zentrum für Aktion und Kontemplation, ist „notwendig, um die Religion vor ihrer natürlichen Tendenz zu bewahren, überheblich und selbstgefällig zu werden"[29].

Im Jahr 587 v. Chr. steht Israel dennoch vor dem Abgrund: Das Königtum hat versagt, Jerusalem wird von den Babyloniern eingenommen und zerstört, viele seiner Bürger werden nach Babylon deportiert. Das Ende aller Hoffnung und der Verlust jeglicher Zukunft scheinen gekommen zu sein. Israel ist untergegangen, Gott hat sich abgewandt. Und nicht nur das: Gottes gesamte Mission in dieser Welt drohte zu scheitern, denn es ist Israel, durch das der Segen Gottes zu allen Völkern der Erde hätte kommen sollen. Hat Gott sich also alles anders überlegt? Ist die Geschichte bis dahin eine Sackgasse? An diesem absoluten Tiefpunkt tritt nun in der Kraft des Geistes ein Prophet auf und bringt neue Hoffnung:

Der Geist Gottes, des Herrn, ruht auf mir; denn der Herr hat mich gesalbt. Er hat mich gesandt, damit ich den Armen eine frohe Botschaft bringe und alle heile, deren Herz zerbrochen ist, damit ich den Gefangenen die Entlassung verkünde und den Gefesselten die Befreiung, damit ich ein Gnadenjahr des Herrn ausrufe, einen Tag der Vergeltung unseres Gottes, damit ich alle Trauernden tröste, die Trauernden Zions erfreue, ihnen Schmuck bringe anstelle von Schmutz, Freudenöl statt Trauergewand, Jubel statt der Verzweiflung (Jesaja 61,1–3).

---

[29] Richard Rohr, Ins Herz geschrieben. Die Weisheit der Bibel als spiritueller Weg, Freiburg 2009, S. 36

Wir alle kennen solche Situationen, wo einzelne Menschen, aber auch Gruppen oder ein ganzes Land den Mut und die Hoffnung verlieren. Manchmal fühlen wir uns ohnmächtig, wenn wir das Leid anderer oder die überwältigenden Dimensionen mancher Probleme betrachten, vor denen wir stehen. Anstatt resigniert zu sagen: „Es hat doch alles keinen Sinn", gibt uns Gottes Geist den Mut und die Zuversicht, dass wir tatsächlich etwas zu geben haben. Dann ändert sich vielleicht nicht gleich die ganze Welt, aber meine Welt und die Welt anderer Menschen ändert sich, Schritt für Schritt.

Jesus wird diese Worte einige Hundert Jahre später aufnehmen, wenn er seine erste öffentliche Rede hält. Zunächst aber verdichten sich die Hinweise darauf, dass Gott ein neues Kapitel in der Geschichte mit seinem Volk aufschlägt. Und bei all dem Neuen spielt der Geist Gottes eine ganz entscheidende Rolle. Denn das neue Wirken Gottes geht über Einzelne hinaus und erfasst die ganze Gemeinschaft. Es erschöpft sich nicht in Absichtserklärungen und Gefühlsregungen, sondern ändert die Verhältnisse. Es erfasst in dieser prophetischen Erwartung sogar die Natur und versetzt sie in einen fast schon paradiesischen Zustand. Der Prophet Ezechiel beschreibt in Kapitel 47 eine Vision von einem Fluss, der aus dem Tempel nach Osten fließt. An seinen Ufern beginnt das dürre Land zu blühen; Bäume wachsen, die ständig Früchte tragen und deren Blätter Heilkraft besitzen – und das wegen seines hohen Salzgehaltes „Tote" Meer wimmelt von Fischen. Und im Blick auf die Menschen kündigt der Prophet Joel an, dass die verheißene Gotteserkenntnis am Ende eine Sache *aller* Menschen ist. Die Unterschiede zwischen Generationen, sozialen Gruppen oder Männern und Frauen spielen keine Rolle mehr. Ob es nun die Hautfarbe, Herkunft oder politische Haltung ist – Gott überwindet alle Gräben. Durch seinen Geist begegnet er allen und spricht mit allen ganz direkt:

Danach aber wird es geschehen, dass ich meinen Geist ausgieße über alles Fleisch. Eure Söhne und Töchter werden Propheten sein, eure Alten werden Träume haben und eure jungen Männer haben Visionen. Auch über Knechte und Mägde werde ich meinen Geist ausgießen in jenen Tagen (Joel 3,1–2).

Unser menschliches Wesen, unter deren natürlicher Schwäche und Begrenztheit wir oft ebenso leiden wie unter den Konsequenzen unserer Fehler, wird von Gott nicht ausradiert oder einfach komplett übermalt. Es besteht für alle sichtbar fort, aber etwas Neues verbindet sich mit ihm. Wir müssen keine Kraftanstrengung unternehmen, wir brauchen nicht perfekt zu werden, damit Gott etwas mit uns anfangen kann. Der Heilige Geist verändert nicht einfach über die Köpfe aller hinweg die „Großwetterlage", sondern er wirkt ganz konkret an einzelnen Menschen. Und diese Erfahrungen am eigenen Leibe ziehen Kreise.

Der eine und die vielen

Bevor sich aber das Wirken des Geistes auf viele ausbreitet, konzentriert es sich auf einen Einzelnen. So lesen wir im Jesajabuch die Ankündigung, dass Gott einen Gesandten schicken wird, durch den er nicht nur für Israel, sondern für die ganze Welt eine gerechte Ordnung errichten und dabei statt rigorosem Durchgreifen Barmherzigkeit lassen wird.

Seht, das ist mein Knecht, den ich stütze; das ist mein Erwählter, an ihm finde ich Gefallen. Ich habe meinen Geist auf ihn gelegt, er bringt den Völkern das Recht. Er schreit nicht und lärmt nicht und lässt seine Stimme nicht auf der Straße erschallen. Das geknickte

Rohr zerbricht er nicht und den glimmenden Docht löscht er nicht aus; ja, er bringt wirklich das Recht. Er wird nicht müde und bricht nicht zusammen, bis er auf der Erde das Recht begründet hat. Auf sein Gesetz warten die Inseln (Jesaja 42,1–4).

Gott bringt das Neue durch einen einzelnen Menschen, damit es schließlich bei allen im Volk ankommt. Eine Verwandlung von innen nach außen ist die Folge:

Ich hole euch heraus aus den Völkern, ich sammle euch aus allen Ländern und bringe euch in euer Land. Ich gieße reines Wasser über euch aus, dann werdet ihr rein. Ich reinige euch von aller Unreinheit und von allen euren Götzen. Ich schenke euch ein neues Herz und lege einen neuen Geist in euch. Ich nehme das Herz von Stein aus eurer Brust und gebe euch ein Herz von Fleisch. Ich lege meinen Geist in euch und bewirke, dass ihr meinen Gesetzen folgt und auf meine Gebote achtet und sie erfüllt (Ezechiel 36,26–27; vgl. Jeremia 31,31–34).

Gottes Geist verändert die Herzen der Menschen so, dass sie seinen Willen aus freien Stücken und eigener Überzeugung tun. Mahnungen, äußerer Zwang oder das Drohen mit Strafe werden überflüssig. Oder um es in einem Bild zu sagen: Wenn Sie auf eine lange Wanderung gehen, nehmen Sie einen Rucksack mit Proviant mit. Am Anfang ist der Rucksack noch schwer. Je länger Sie unterwegs sind, desto leichter wird er. Und der Proviant, den Sie inzwischen verzehrt haben, wirkt nun von innen heraus. Er gibt Ihnen die Kraft, das Ziel zu erreichen. So auch hier – die veränderte Beziehung zu Gott bewirkt ein verändertes Verhalten.

Jesus und der Heilige Geist

Rund 300 Jahre gehen ins Land und das Drama scheint nicht so recht vom Fleck zu kommen. Dann aber geht alles ganz schnell. Schon in den Geburtsgeschichten des Lukasevangeliums begegnen wir dem Heiligen Geist mehrfach, dann wird es noch einmal kurz still. Erst gut dreißig Jahre später erscheint Jesus als erwachsener Mann bei Johannes dem Täufer am Jordanufer, dem Ort, wo Israel Jahrhunderte zuvor aus Ägypten kommend endlich das Gelobte Land betreten hatte. Sie erinnern sich: Johannes spricht davon, dass das verheißene Neue, das kommende Reich Gottes, unmittelbar vor der Tür steht. Indem Menschen sich von ihm im Jordan untertauchen lassen, signalisieren sie ihre Bereitschaft, ihr altes Leben zurückzulassen und der Verheißung Gottes zu folgen. Zu ihnen sagt Johannes:

Ich taufe euch nur mit Wasser. Es kommt aber einer, der stärker ist als ich, und ich bin es nicht wert, ihm die Schuhe aufzuschnüren. Er wird euch mit dem Heiligen Geist und mit Feuer taufen (Lukas 3,16).

Jesus lässt sich mit vielen anderen Menschen taufen. Er stellt sich damit unter Gottes Verheißung und identifiziert sich mit seinem Volk. Er beansprucht kein Aufsehen, keine Sonderbehandlung, er sagt nichts davon, dass er als Sohn Gottes all das nicht nötig hätte. Doch dann passiert etwas Ungewöhnliches:

Und während er betete, öffnete sich der Himmel, und der Heilige Geist kam sichtbar in Gestalt einer Taube auf ihn herab, und eine Stimme aus dem Himmel sprach: Du bist mein geliebter Sohn, an dir habe ich Gefallen gefunden (Lukas 3,21–22).

Wir wissen nicht, ob alle oder nur manche der Anwesenden etwas gesehen oder gehört haben, wie verborgen oder öffentlich diese Szene am Jordan tatsächlich war. Aber von nun an sehen wir Jesus in der Öffentlichkeit, und überall werden Menschen auf ihn aufmerksam. Er spricht davon, dass Gottes Reich anbricht und sich die Verheißung aus dem Buch Jesaja erfüllt, mit der ein „Jahr der Gnade" angekündigt wird: Vergebung von Schuld, Wiederherstellung von Freiheit und Würde, und immer ist von der Kraft des Geistes die Rede (Lukas 4,14.18–19). Auf Schritt und Tritt werden Menschen von allen möglichen Leiden und Krankheiten befreit. Durch Jesus wirkt der Geist Gottes vor den Augen aller in einer Intensität, wie man sie bis dahin nicht kannte. Die Erfahrung am Jordan ist für Jesus die Initialzündung für seine „Mission". Von nun an ist er unterwegs, um mit Worten und Taten spürbar werden zu lassen, wie sich Gottes Verheißung des Neuen nun konkret erfüllt. Es entsteht eine Bewegung von Menschen, die sich Jesus anschließen und dafür ihr bisheriges Leben zurücklassen.

Eine entscheidende Sache stand aber noch aus – das Kreuz. Der Evangelist Johannes verweist darauf, wenn er sagt, Jesus sei noch nicht „verherrlicht", denn für ihn zeigt sich das ganze Ausmaß der Liebe Gottes und der Triumph Gottes über eine selbstsüchtige, brutale Welt darin, dass Jesus sein Leben aus freien Stücken aufgibt. Erst darin wird deutlich, dass Gottes Geist unser Leben nicht einfach ein bisschen aufpeppt und verbessert, sondern uns ein grundsätzlich neues Verhältnis zu Gott, anderen Menschen und uns selbst schenkt. Dieses Eingreifen Gottes führte die ersten Christen zu der Schlussfolgerung, dass Jesus nicht nur ein religiöser Führer unter vielen ist, sondern Gott selbst in menschlicher Form. Der auferstandene Jesus sagt zu seinen Jüngern, die gerade erst anfangen zu verstehen, was da vor ihren Augen geschehen ist:

Und ich werde die Gabe, die mein Vater verheißen hat, zu euch herabsenden. Bleibt in der Stadt, bis ihr mit der Kraft aus der Höhe erfüllt werdet (Lukas 24,49).

Zehn Tage später findet in Jerusalem wieder ein Fest statt. Und an diesem Morgen ist es dann so weit:

Als der Pfingsttag gekommen war, befanden sich alle am gleichen Ort. Da kam plötzlich vom Himmel her ein Brausen, wie wenn ein heftiger Sturm daherfährt, und erfüllte das ganze Haus, in dem sie waren. Und es erschienen ihnen Zungen wie von Feuer, die sich verteilten; auf jeden von ihnen ließ sich eine nieder. Alle wurden mit dem Heiligen Geist erfüllt und begannen, in fremden Sprachen zu reden, wie es der Geist ihnen eingab (Apostelgeschichte 2,1–4).

Eine erstaunte Menschenmenge läuft zusammen. Die Pilger aus aller Welt hören die Jünger in ihren verschiedenen Muttersprachen reden. Niemand kann erklären, was mit diesen Leuten geschehen ist. Mitten im Tumult steht Petrus auf und verweist auf die Verheißung des Propheten Joel, die wir eben schon betrachtet haben. Nun hat sie sich erfüllt – Gott gießt seinen Geist aus auf Menschen jeder erdenklichen Herkunft, und es entsteht eine Gemeinschaft, in der die alten Gegensätze von Kultur, Sprache, Status und Geschlecht keine Rolle mehr spielen. Gottes Geist verbindet alle, aber der Angelpunkt dieser neuen Verbindung, sagt Petrus, ist der gekreuzigte und auferstandene Jesus. In ihm erfüllt Gott sein Versprechen. Und so fragen die Leute betroffen, was sie denn tun müssen, um dazuzugehören. Petrus antwortet ihnen:

Kehrt um und jeder von euch lasse sich auf den Namen Jesu Christi taufen zur Vergebung seiner Sünden; dann werdet ihr die Gabe des Heiligen Geistes empfangen. Denn euch und euren Kindern gilt die Verheißung und all denen in der Ferne, die der Herr, unser Gott, herbeirufen wird (Apostelgeschichte 2,38–39).

Petrus lädt seine Zuhörer dazu ein, im nächsten Akt des großen Dramas zwischen Gott und seiner Welt mitzuwirken. Die Rollenbeschreibung ist durch Jesus vorgegeben – es gilt nun, in seine Fußstapfen zu treten und seinem Weg zu folgen. Das ist nur möglich, wenn Menschen aus derselben Quelle leben und handeln, aus der Jesus schon geschöpft hat.

Teil III:
Boden unter den Füßen

Vor Ort stellen wir überrascht fest: Im Land des Glaubens gibt es keine „Eingeborenen". Es ist von allen möglichen Einwanderern besiedelt worden. Sie haben sich in dieses Fleckchen Erde verliebt, es als ihre Heimat entdeckt und sind damit ihrer ehemals vertrauten Umgebung irgendwie auch fremd geworden.

Wir beginnen unseren Weg durch das neue Land als distanzierte Zuschauer, die mehr oder weniger wohlwollend zur Kenntnis nehmen, was sich hier alles regt. Gelegentlich aber meldet sich die Frage: Wie wäre das – das „alte Leben" zurückzulassen? Nicht nur von Veränderung zu träumen, sondern tatsächlich etwas Neues zu beginnen? Welche Ängste und Vorurteile stehen einem solchen Schritt entgegen – und was könnte mich veranlassen, sie tatsächlich zu überwinden? Finde ich Vorbilder, die mich inspirieren, und Weggefährten, die mich begleiten?

Es ist ein weites Land, mit viel Platz. Immer wieder brechen Pioniere auf, um entlegene Regionen zu erkunden. Sie genießen die Freiheit und nehmen die eine oder andere Ungewissheit oder Härte dafür gern in Kauf.

9. Wiedergeboren werden

„Ich möchte als Bionade wiedergeboren werden", sagte die indische Cola, hieß es vor einer Weile in einer Anzeige. Die Vorstellung der Reinkarnation aus den Religionen des Ostens ist bei uns vor allem in einer Art Pop-Buddhismus angekommen, der westliches Konsumdenken und östliches Weltbild miteinander verschmelzen, so wie manche Leute sich eine Buddha-Figur als Dekoration ins Regal oder neben ihren Fernseher stellen. Ich habe ein paar Leute auf der Straße zum Thema „Tod" interviewt, und viele sprachen von der Hoffnung, später einmal irgendwo und irgendwie wiedergeboren zu werden. Während echte Buddhisten und Hindus jedoch darauf hoffen, aus diesem endlosen Kreislauf zu entkommen und vom mühseligen Rad der Geschichte befreit zu werden, ist die Vorstellung hier bei uns eher die, dass man sich in einer Art jenseitigem Reisebüro den nächsten Trip aussucht. Alles eine Nummer reicher, schöner und glücklicher bitte – so wie die indische Cola sich das eben auch vorstellt. Bei Licht betrachtet ist das natürlich albern. Rein statistisch ist die Wahrscheinlichkeit, dass wir uns beim nächsten Durchgang verschlechtern, enorm hoch. Immerhin gehören wir hier zu den wohlhabenden zehn bis zwanzig Prozent der Weltbevölkerung. Und überhaupt: Woher nehmen wir eigentlich die Gewissheit, dass wir – wenn überhaupt – als *Menschen* zurückkommen?

Da erscheint es vielleicht zunächst verwirrend, wenn auch im Christentum davon die Rede ist, dass jemand „von Neuem geboren" werden kann. Im Johannesevangelium gibt es einen kurzen Dialog zwischen Jesus und dem Pharisäer Nikodemus, in dessen Verlauf Jesus sagt:

Wenn jemand nicht aus Wasser und Geist geboren wird, kann er nicht in das Reich Gottes kommen. Was aus dem Fleisch geboren ist, das ist Fleisch; was aber aus dem Geist geboren ist, das ist Geist. Wundere dich nicht, dass ich dir sagte: Ihr müsst von Neuem geboren werden. Der Wind weht, wo er will; du hörst sein Brausen, weißt aber nicht, woher er kommt und wohin er geht. So ist es mit jedem, der aus dem Geist geboren ist (Johannes 3,5–8).

Eine allzu wörtliche Auslegung lehnt Jesus auf Nachfrage von Nikodemus ab: Klar kann man die Uhr nicht zurückdrehen, klar kann ein Erwachsener nicht zurück in den Mutterleib, der Neuanfang muss anderer Natur sein. Geht es also um ein bestimmtes religiöses Erlebnis, an das man sich erinnern können muss, um bei Gott (oder wenigstens in der Kirche) akzeptiert zu sein, und zu dem man am besten auch noch Datum und Uhrzeit wissen sollte? Geht es um einen bestimmten Zustand, eine Art „Erleuchtung" vielleicht, durch den man sich von anderen Menschen unterscheidet? Geht es um eine bestimmte Überzeugung, die ich teilen muss, und wenn ja, in welchem Buch bekomme ich sie beschrieben? Oder geht es um einen privilegierten Status, der mir verliehen wird, möglicherweise aufgrund einer bestimmten Entscheidung?

Womit vergleichen?

Vielleicht war aber der Reflex des Nikodemus, erst einmal nach der „natürlichen" Geburt zu fragen, gar nicht so falsch. Ohne Drogen, Hypnose oder umstrittene esoterische Techniken erinnern sich jedoch die wenigsten von uns an unsere Geburt. Es wäre sinnlos, wenn ich eines meiner Kinder fragen würde: „Weißt du noch damals, als du geboren wurdest?"

Der Erlebnischarakter der eigenen Geburt ist relativ schwach ausgeprägt. Vielleicht ist das auch nicht der entscheidende Faktor, wenn es darum geht, wiedergeboren zu werden.

Am anderen Ende des Spektrums von Erklärungen finden sich die vergeistigten Vorstellungen: dass wir eine unsterbliche Seele haben, die sich irgendwann vom Leib löst – aber noch ist es ja nicht so weit. Dabei erscheint Gottes Reich als eine völlig jenseitige Veranstaltung, oder zumindest als etwas, das sich nur in der Innerlichkeit abspielt. Der Tod wäre so gesehen keine reale Bedrohung, sondern bloß eine Illusion. Und die Schatten, die er vorauswirft, Krankheiten und zerstörte Beziehungen zum Beispiel, wären nichts, was es zu überwinden gilt, wir müssten sie dann eben nur möglichst gelassen hinnehmen.

Manchmal lautet die Erklärung auch, dass Leiden und Probleme im Grunde nur ein Denkfehler sind. Wenn dagegen der richtige Bewusstseinszustand erreicht wird (dafür gibt es dann teure Kurse), kann jeder mit der richtigen Mentalpower zum absoluten Siegertypen werden, sich über Gebrechen und Fehlschläge aller Art erheben und all seine Wünsche selbst erfüllen. Mehr als ein kurzfristiger Kick und später ein dickes Loch auf dem Konto der Anhänger solcher Glückspropheten kommen dabei in der Regel aber nicht heraus. Auch da nicht, wo vordergründig mit christlichem Vokabular gearbeitet wird.

Vielleicht haben Sie schon einmal von Menschen gehört, die sich als „wiedergeborene Christen" bezeichnen. Diese Redeweise wird vor allem in Amerika gepflegt und oft scheint damit irgendwie die Zugehörigkeit zum exklusiven Club der Besserglaubenden verbunden zu sein. In Wirklichkeit stammt der Ausdruck jedoch aus dem Neuen Testament und beschreibt, was auf *alle* Christen zutrifft. Die beste neutestamentliche Parallele zu diesem Satz von der Wiedergeburt finden wir im Matthäusevangelium. Im 18. Kapitel lesen wir davon, wie der von seinen Nachfolgern umlagerte Jesus ein Kind in die Mitte holt und dann verkündet:

Wenn ihr nicht umkehrt und wie die Kinder werdet, könnt ihr nicht in das Himmelreich kommen. Wer so klein sein kann wie dieses Kind, der ist im Himmelreich der Größte. Und wer ein solches Kind um meinetwillen aufnimmt, der nimmt mich auf.

Wir kommen schwach, verletzlich und schutzbedürftig auf die Welt, und Kindern ist das noch sehr viel stärker bewusst als Erwachsenen. Wir sind zwar selbstständig geworden, verdrängen aber nur zu gern, dass wir nach wie vor in einer ganzen Reihe von Abhängigkeiten leben: emotional, weil wir uns nach Liebe und Freundschaft sehnen, und auch ganz materiell: Wir stellen unsere Nahrung in den seltensten Fällen selbst her, wir können unsere Sicherheit nicht selbst gewährleisten, und wenn wir krank oder alt werden, müssen wir versorgt werden. Das Leben ist auch für Erwachsene ein Geben und Nehmen, und erwachsen zu werden bedeutet, dass wir das irgendwann bewusst anerkennen: Wir sind weder unseres Glückes Schmied noch bloß das Opfer der Umstände.

Beziehungen, neu konfiguriert

Die Geburt ist der Beginn beziehungsweise die Voraussetzung aller Beziehungen, in denen wir leben. Und so, wie wir uns das natürliche Leben nicht selbst schenken oder erarbeiten können, so wird uns auch das Leben mit Gott in seiner weltweiten Familie geschenkt. Unser Platz in seinem Reich, unsere Rolle in seiner Geschichte mit uns ist weder eine Frage unserer Verdienste noch die Folge unserer Verfehlungen. Im Gegenteil: Vergebung zum Beispiel bedeutet ja gerade, dass ich ein Verhältnis zu Gott, mir selbst und anderen geschenkt bekomme, das ich aus eigener Kraft nicht schaffen kann. In diesem Fall ist es Leben in einer Dimension, die den physischen Tod überdauert. Wiedergeburt bedeutet so gesehen, dass alle meine Beziehungen aus dieser Verbindung zu Gott neu definiert werden. Paulus schreibt ganz prägnant: „Nicht mehr ich lebe, sondern Christus in mir" (Galater 2,20).

Um ein alltägliches Beispiel zu benutzen: Wenn jemand heiratet, dann verändert diese Entscheidung seine Beziehung zu allen anderen Menschen. Ich mache eine Person nicht zum ausschließlichen, aber zum bestimmenden Bezugspunkt meines Lebens. Es ist (zumindest wünschen wir uns das) unsere engste und intimste Beziehung, mit der Folge, dass wir darauf achten, in allen anderen Beziehungen eine gesunde und angemessene Distanz zu halten. In der Regel schadet das diesen Beziehungen auch nicht, sondern es bringt eine hilfreiche Klärung, wenn andere Menschen im heiratsfähigen Alter ab da nicht mehr als potenzielle Partner betrachtet werden oder sich als solche fühlen. Die Veränderung einer einzigen Beziehung wirkt sich auf alle anderen Beziehungen aus. Damit beginnt ein neuer Lebensabschnitt. Doch auch in einer anderen Hinsicht ist die Liebe zu einem Partner ein guter Vergleich: Niemand kann Liebe verdienen. Sie ist kein Geschäft, keine Ware. Man kann sie sich nur in ganz kindlichem Vertrauen schenken lassen und sie dann erwidern. Der Theologe Fulbert Steffensky beschreibt das in heutiger Sprache so:

Wir brauchen uns nicht selber zu bezeugen, eine der großen Lebensentlastungen. Wir brauchen uns nicht selber zu suchen, denn wir sind gefunden, ehe wir suchen. Das gibt unserem Leben Spiel und befreit uns von allen Zwängen der Selbstbeabsichtigung.[30]

Nachhaltige Veränderung

„Glaube", sagte Martin Luther, „ist ein göttliches Werk in uns, das uns wandelt und neu gebiert aus Gott (Johannes 1,13) und (…) macht aus uns ganz andere Menschen von Herzen, Mut, Sinn und allen Kräften."[31] Geht das eigentlich – anders zu werden und dabei „ich selbst" zu bleiben, oder vielleicht sogar noch mehr „ich selbst" zu werden? Oder muss ich befürchten, uniformiert zu werden und all das zu verlieren, was mich einzigartig macht? Immerhin gehören die kleinen Marotten ja dazu, und manche sind ja auch ganz liebenswert.

Andere dagegen stehen uns immer wieder im Weg. Wer einmal versucht hat, eine lästige Gewohnheit loszuwerden, hat eine Vorstellung davon, wie schwierig und anstrengend das sein kann und welche Trägheit es dabei zu überwinden gilt. Wir werden von außen ständig zu Veränderungen gezwungen, soll dazu nun auch noch Druck von innen kommen, der uns bis in den letzten stillen Winkel unseres Seelenlebens folgt? Wie also kann nachhaltige Veränderung zum Guten geschehen? Paulus gibt uns eine Antwort darauf. In Galater 5,22–23 lesen wir, was geschieht, wenn der Geist Gottes diesen Veränderungsprozess von innen heraus in Gang setzt, denn die Verheißung des neuen Herzens, von der wir im letzten Kapitel schon beim Propheten Ezechiel gelesen haben, ist nun spürbare Wirklichkeit geworden:

---

[30] Fulbert Steffensky, Schwarzbrot-Spiritualität, Stuttgart 2005, S. 14
[31] Martin Luther, Vorrede zum Römerbrief, WADB 7,10,6–8

Die Frucht des Geistes aber ist Liebe, Freude, Frieden, Langmut, Freundlichkeit, Güte, Treue, Sanftmut und Selbstbeherrschung.

Früchte wachsen an einem gesunden Baum von selbst. Mit anderen Worten: Wir nehmen diese Charakterzüge allmählich immer mehr an: Aus aggressiver Selbstbehauptung wird Vertrauen. Statt uns an Beziehungen und Privilegien zu klammern, können wir loslassen. So werden unsere unterschiedlichen Lebenszusammenhänge nicht weiter zerrüttet, sondern allmählich geheilt. Wo wir uns in Ängsten und Ausflüchten verstrickt hatten, wird Freiheit möglich, und aus Isolation und Einsamkeit entstehen neue Verbindungen und echte Gemeinschaft. Wo Furcht, Stolz oder Konkurrenz dazu geführt haben, dass Menschen die gemeinsamen Möglichkeiten nicht nutzen konnten, da können sie nun neu entdeckt werden. Aus Antipathie wird Empathie, aus Härte Barmherzigkeit, aus dem entstellten Bild Gottes ein erneuertes Ebenbild.

Ich hatte einmal Besuch von zwei Zeugen Jehovas. Wir führten ein angeregtes Gespräch über den Glauben und die ältere der beiden Frauen (ich denke, sie war eine Art Ausbilderin) erklärte mir, man müsse sich anstrengen, um ein guter Mensch zu werden. Ich antwortete ihr, dass meine Erfahrungen mit Gott anders seien. Nicht *meine* Bemühungen führten zu einer positiven Veränderung – manchmal kam nur Krampf dabei heraus –, sondern die Erfahrung der Liebe Gottes und die Gemeinschaft mit ihm veränderten mich, und vielen meiner Freunde ging es ähnlich. Die Augen der anderen Frau (sie war offenbar der „Lehrling") fingen immer mehr an zu leuchten, während wir redeten. Ich konnte an ihrem Gesicht ablesen, wie sehr sie sich ein unkompliziertes und entspanntes Verhältnis zu Gott wünschte. Wir mussten das Gespräch kurz darauf beenden. Die Ausbilderin kam ein paar Wochen später wieder vorbei, aber mit einem anderen „Lehrling". Ich bin nicht sicher, ob das ein Zufall war.

Die wichtigste Frucht, die Paulus in dem Brief an die Galater aufzählt, ist die Liebe. Wir können uns als von Gott geliebte Menschen selbst zurücknehmen. Weil wir uns nicht behaupten müssen, können wir uns anderen zuwenden und ihnen Gutes tun. Die Liebe Gottes verändert die Grundstimmung unseres Lebens. Freude gibt den Ton an. Wir leben im Frieden mit uns selbst und anderen. Natürlich gibt es noch Schwankungen, aber wir werden immer weniger abhängig von äußeren Umständen. Auch unter schwierigen Bedingungen geraten wir nicht mehr so leicht aus dem Gleichgewicht oder fangen an, schwarzzusehen. Dietrich Bonhoeffer (1906–1945) schrieb während der dunklen Jahre des Nationalsozialismus, während derer er inhaftiert und schließlich nur wenige Tage vor Kriegsende im Konzentrationslager Flossenbürg umgebracht wurde: „Wer sich dem Weg Jesu ganz anvertraut, der wird daran froh. (…) Stehen wir in der rechten Freude, dann ist es wirklich so: Keiner nimmt eure Freude von euch, denn sie bleibt in Ewigkeit." Berühmt wurde sein Gedicht „Von guten Mächten" vom Dezember 1944, aus dessen letzter Strophe ein großer innerer Friede spricht:

Von guten Mächten wunderbar geborgen
erwarten wir getrost, was kommen mag.
Gott ist bei uns am Abend und am Morgen
und ganz gewiss an jedem neuen Tag.

Aus dieser Haltung der Liebe heraus, aus der Grundstimmung von Freude und der Gelassenheit des Friedens, können Christen auch auf andere mit einem weiten Herzen zugehen (das nämlich bedeutet „Langmut"). Sie lernen, auch schwierige Mitmenschen freundlich zu behandeln und ihnen Gutes zu tun. Aber die Veränderung geht noch weiter: Wer in das Ebenbild Christi verwandelt wird, kann auch in angespannten Beziehungen, in Krisen und Auseinandersetzungen anders handeln. Er hält treu seine Zusagen gegenüber Freund und Gegnern, er reagiert nicht aggressiv oder verletzend (das bedeutet der Begriff „Sanftmut"), und statt *andere* kontrollieren zu wollen, kann er sich *selbst* beherrschen.

Auf die Quelle kommt es an

Wiedergeburt, so gab Jesus dem Nikodemus zu verstehen, ist kein simples „Zurück zur Natur", sondern ein Prozess, in dem wir nicht *gegen* unsere Natur, wohl aber *über unsere Natur hinauswachsen.* Der Astrophysiker und Fernsehmoderator Manfred Lesch hat dazu vor Kurzem in einem Interview recht drastisch gesagt: „Vieles, was im Neuen Testament steht, etwa die Bergpredigt, beinhaltet ja die Aussage: Du kannst über das hinausgehen, was eigentlich deiner Natur gemäß wäre. Wenn dir einer in die Fresse haut, dann schlägst du nicht zurück."[32]

Das Wunder des neuen Lebens, das ohne Vergeltung auskommt und in dem sogar möglich wird, dass wir unsere Feinde lieben, ist mehr als eine Wiederholung oder eine Steigerung des Vorhandenen aus eigener Kraft. Jesus weist Nikodemus auf die Quelle hin: Wasser (damit meint er die Taufe) und Geist. Die alten Denkstrukturen werden dabei nicht einfach ausgelöscht oder nicht mehr ernst genommen, doch die nötige Verwandlung schafft erst der Geist Gottes. Wenn in der Bibel von Wind die Rede ist, geht es selten *nur*

---

[32] Pro, Christliches Medienmagazin Nr. 6/2009, S. 11

um ein meteorologisches Phänomen. Wie der Wind ist der Geist Gottes nicht kontrollier- und kanalisierbar. Aber er bestimmt unsere Lebensbedingungen, so wie die Winde und Luftströmungen unser Wetter. Auf unser Leben übertragen bedeutet das: Die herkömmliche Logik von berechenbarer Ursache und Wirkung wird aufgehoben. Ein neues Kraftfeld überlagert sie, und das heißt: Ich bin nicht das Produkt meiner gesellschaftlichen Umstände, meiner psychischen Mechanismen, meiner genetischen Programme oder meiner Vergangenheit, ganz egal, wie glücklich oder traumatisch sie auch gewesen sein mag. Es bedeutet auch: Neues und Überraschendes geschieht – für mich selbst und andere. Andere Sichtweisen werden möglich, und ich entdecke neue Wege, mit den Herausforderungen umzugehen, vor die das Leben mich stellt. Ein Bekannter arbeitete in einer großen internationalen Anwaltskanzlei. Irgendwann sprach ihn sein Chef an und sagte: „Sie irritieren mich. Alle anderen haben Angst vor mir oder lassen sich mit einer Gehaltserhöhung kaufen. Das Problem ist: Sie haben keine Angst." Und er hatte recht.

Nun kennen Sie und ich natürlich auch Christen, bei denen sich nichts zu verändern scheint und die ganz offenkundig unangenehme Zeitgenossen sind, um die man am liebsten einen Bogen macht. Sie wirken wie ein lebender Gegenbeweis für alles vollmundige Reden über den Heiligen Geist. Statt sich selbst zu verändern, überziehen sie ihre Umwelt mit Forderungen und Vorwürfen. Statt ihre Schwächen und Fehler bald traurig, bald humorvoll zur Kenntnis zu nehmen, verschließen sie vor ihnen die Augen. Sie scheinen den Glauben – oder, besser gesagt, ein bestimmtes frommes Vokabular – als eine Art Schutzschild zu gebrauchen, hinter dem sie sich verschanzen und jede Veränderung abwehren. Wenn Paulus von der

Möglichkeit schreibt, dass man den Geist auch betrüben oder sogar „auslöschen" kann, dann hatte er wohl solch ein Verhalten im Blick.

Gottes Geist ist ein bisschen wie die Stimme aus dem Bühnenhintergrund, die den Darstellern des göttlichen Impro-Theaters ihre Anweisungen gibt. Dazu bekommen wir keinen Knopf ins Ohr montiert, sie ist in der Regel auch nicht akustisch hörbar, eher eine Art Stimme in unseren Gedanken und ein innerer Drang, bestimmte Dinge zu tun. Wie schon bei Jesu erstem öffentlichen Auftritt gibt es auch hier einen engen Zusammenhang zwischen dem Geist Gottes und der Taufe. Sie ist keine magische Formel oder Handlung, sondern das spürbare Symbol dessen, dass man sich das neue, das ewige Leben nicht selbst schenken kann. Richard Rohr schreibt dazu treffend: *Um die unendlich tiefe Kluft zwischen Gott und Mensch zu überbrücken, geht Gott so vor, dass er uns ein kleines bisschen Gott einpflanzt, nämlich den Heiligen Geist.*[33]

Daher *wird* man getauft und ist dabei so passiv wie das Baby, das von Mutter, Arzt und Hebamme so sanft wie möglich ins Leben geleitet wird. Zugleich ist man umgeben von anderen Menschen, der Gemeinschaft der *Kirche*. Jesus hat sie gesammelt – Menschen, die mit ihm unterwegs sind. Dieses Ensemble hat trotz ständig wechselnder Besetzung die Erinnerung an diese Geschichte über die Jahrhunderte bewahrt – nicht nur mit Worten, sondern in seinem Leben, so unvollkommen und institutionell verkrustet es auch in vielen Fällen zweifellos war. Aus dem Leben dieser Gemeinschaft kommt mir Gottes Geist entgegen, der sie am Leben erhalten hat. Andere haben, um ein weiteres Bild zu gebrauchen, die

---

[33] Richard Rohr, Ins Herz geschrieben. Die Weisheit der Bibel als spiritueller Weg, Freiburg 2009, S. 144

Fackel vor mir getragen. Jetzt trage ich sie selbst weiter. Die Taufe verbindet einen Menschen mit Jesus, der im Tod untergetaucht und am dritten Tag als neuer Mensch aufgetaucht ist. Seine Geschichte wird auch meine Geschichte, seine Zukunft ist meine Zukunft. Die entscheidende Wende in unserem persönlichen Leben und in der Geschichte unserer Welt steht nicht in unserer Macht. Wir müssen sie nicht durch Leistung, besondere Erkenntnisse oder Gefühlsakrobatik erzwingen, denn sie ist schon geschehen: Jesus identifiziert sich aus freien Stücken mit uns, auch in aller unserer Schwäche und Schuld. Im Glauben können wir dieses Geschenk der erneuerten Beziehung und eines veränderten Lebens annehmen. Die Taufe ist etwas Einmaliges. Und doch werden aus dem *Geist* jeden Tag neue Anfänge möglich.

Die kleine Katze

Wer liebt und geliebt wird, denkt nicht mehr ständig über sich selbst nach. Die eigenen Leistungen sind ebenso unwichtig wie die Fehler und das Versagen. Was zählt, ist das selbstvergessene Staunen. Alles, was wir dazu tun können, ist, Gottes Angebot anzunehmen. Die Schriftstellerin Anne Lamott erzählt in dem autobiografischen Buch „Traveling Mercies" von ihrer Geschichte mit Gott: Nach einer zerbrochenen Partnerschaft entdeckte sie zu allem Unglück, dass sie ungewollt schwanger war, und entschloss sich zu einer Abtreibung. Es kam in den folgenden Tagen zu Komplikationen, sie fühlte sich schwach und hatte Schmerzen. In ihrem verdunkelten Hausboot spürte sie allmählich, dass sie nicht allein im Raum war. Irgendwie war Jesus bei ihr, so nahe, als könne sie die Hand nach ihm ausstrecken.

Sie reagierte empört. Was würden ihre Freunde und Bekannten denken, wenn sie Christ werden würde? Also drehte sie sich zur Wand und sagte laut: „Lieber sterbe ich." Sie spürte, dass Jesus immer noch in der Ecke geduldig und liebevoll wartete. Dann schloss sie die Augen (es half nichts). Schließlich schlief sie ein. Am nächsten Tag war er weg. Anne Lamott schob die seltsame Erfahrung auf den Blutverlust, den Alkohol und ihre Abscheu gegenüber sich selbst. Aber von da an, schreibt sie,

… hatte ich überall, wo ich hinging, das Gefühl, dass mir eine kleine Katze folgte, die wollte, dass ich mich bückte und sie aufhob, dass ich ihr die Türe öffne und sie hereinlasse. Aber ich wusste, was dann passiert: Du lässt eine Katze einmal herein, gibst ihr ein bisschen Milch und sie bleibt für immer.

Eine Woche später ging sie in die Kirche, die sie seit Kurzem einmal im Monat besuchte. Entgegen ihrer Gewohnheit verließ sie den Gottesdienst nicht vor der Predigt, mit der sie nichts anfangen konnte. Dafür berührte sie das Schlusslied – als würden die Menschen zwischen den Tönen gleichzeitig lachen und weinen und als würde der Gesang sie umarmen wie ein verängstigtes Kind. Was dann folgte, beschreibt sie so:

Ich begann zu weinen und (…) rannte nach Hause und fühlte die kleine Katze mir auf den Fersen, und ich lief den Bootssteg entlang, vorbei an Dutzenden von Topfpflanzen, unter einem Himmel, der so blau war, als stammte er aus Gottes eigenen Träumen, und ich öffnete die Tür zu meinem Hausboot, und da stand ich eine Minute, dann ließ ich meinen Kopf hängen und sagte: „Mist! Ich gebe auf." Ich atmete tief durch, dann sagte ich laut: „In Ordnung, du kannst reinkommen." [34]

---

[34] Anne Lamott, Traveling Mercies: Some Thoughts on Faith, Anchor Books 2000, S. 50

10. Sprechprobe

Ich weiß nicht, wie es Ihnen mit dem Beten geht. Viele Erwachsene tun sich damit nicht gerade leicht. Wir kämpfen mit der eigenen Unbeholfenheit, wollen nichts Falsches sagen oder haben das Beten noch als verkrampfte, steife und langweilige Pflichtübung in Erinnerung. Kinder dagegen sprechen mit Gott viel unbefangener – diese Siebenjährigen zum Beispiel:

Lieber Gott, bitte schicke Mama ein neues Baby. Das von letzter Woche weint viel zu oft.

Lieber Herr, danke für den schönen Tag heute. Du hast sogar den Mann vom Wetterbericht ausgetrickst.

Lieber Gott, ich brauche mehr Taschengeld. Kann einer deiner Engel meinem Vater Bescheid sagen?

Manchmal könnte man meinen, Erwachsene beten (in der Öffentlichkeit wenigstens) vor allem, wenn es um Fußball geht. Selbst völlig unreligiöse Fans schicken nervöse Stoßgebete zum Himmel, wenn es für ihre Mannschaft um die Meisterschaft oder gegen den Abstieg geht. Ist das Spiel vorbei, sind die Gebete oft auch wieder vergessen. Sie ähneln eher einem magischen Ritus, und die damit verbundenen Vorstellungen von Gott sind eher schwammig. Es gibt aber auch Ausnahmen: Unmittelbar nach dem Sieg im Endspiel der Fußballweltmeisterschaft 2002 knieten die brasilianischen Spieler auf dem Rasen von Yokohama, hielten sich an den Händen und neigten ihre Köpfe. Der deutsche Kommentator war von der Niederlage seiner Mannschaft wohl noch etwas benommen und murmelte etwas von einem exotischen Ritual in sein Mikrofon. Tatsächlich aber dankten die Spieler, von denen viele als engagierte Christen bekannt waren, Gott für das Geschenk dieses besonderen Augenblicks.

Freilich beten die Fans auf allen Seiten. Ich will hier also nicht über die Auswirkungen des Gebets auf Fußballturniere spekulieren. Menschen beten in allen Religionen und Lebenslagen, nicht nur beim Fußball. Der „Religionsmonitor" der Bertelsmann-Stiftung hat 2007 ermittelt, dass rund die Hälfte der Deutschen gelegentlich betet, gut ein Viertel sogar regelmäßig. Ob wir ab und zu beten, häufig oder gar nicht – vieles hängt von unserer Vorstellung ab, *zu wem* wir beten: Einen unberechenbaren Gott muss man bei Laune halten; bei einem desinteressierten Gott weiß man nie, ob er überhaupt zuhört. Oder ist Gott so eine Art gute Fee, die ab und zu hereinschneit in unser Leben und uns einen beliebigen Wunsch erfüllt?

Das große Gesetz der spirituellen Welt

Für Anne Lamott begann ihr neues Leben mit diesem einfachen Gebet: „In Ordnung, du kannst reinkommen." Jesus hat die christliche Vorstellung von Gottes Wesen und damit auch vom Gebet ganz entscheidend geprägt. Für ihn geht es nicht um Wunschdenken, sondern um die Einladung in eine vertraute Beziehung zu einem persönlichen, ja väterlichen Gott. Ihn beeindrucken zu wollen, etwa mit vielen Worten, wäre absurd. Eltern erwarten von ihren Kindern auch keine geschliffenen Reden. Jesus öffnet uns einen geschützten Raum: Wir müssen uns beim Beten auch keine Gedanken machen, was andere Menschen von uns denken. Wir dürfen uns verhaspeln und unbeholfen stottern, und je mehr ein Gebet von Herzen kommt, desto holpriger kann es werden.

Vor allem, weil uns die Übung fehlt und wir oft keine guten, inspirierenden Vorbilder hatten, wenn überhaupt. Das Entscheidende spielt sich in der unmittelbaren Beziehung zwischen Gott und uns ab:

Wenn ihr betet, macht es nicht wie die Heuchler. Sie stellen sich beim Gebet gern in die Synagogen und an die Straßenecken, damit sie von den Leuten gesehen werden. Amen, das sage ich euch: Sie haben ihren Lohn bereits erhalten. Du aber geh in deine Kammer, wenn du betest, und schließ die Tür zu; dann bete zu deinem Vater, der im Verborgenen ist. Dein Vater, der auch das Verborgene sieht, wird es dir vergelten.

Wenn ihr betet, sollt ihr nicht plappern wie die Heiden, die meinen, sie werden nur erhört, wenn sie viele Worte machen. Macht es nicht wie sie; denn euer Vater weiß, was ihr braucht, noch ehe ihr ihn bittet (Matthäus 6,5–8).

Jede gute Beziehung lebt vom Gespräch. Von Jesus lernen wir, Gott sehr *persönlich* anzusprechen: Natürlich ist Gott mehr als das, was wir bei Menschen unter „Persönlichkeit" verstehen. Als Menschen sind wir zum Ebenbild Gottes geschaffen – unsere Personhaftigkeit spiegelt Gottes Wesen wider; daher können wir mit ihm reden. Jesus nennt Gott den „Vater im Himmel" und spricht ihn mit dem aramäischen Wort „Abba" an – auf Deutsch heißt das so viel wie „Papa". Als liebevoller Vater ist Gott uns unendlich nahe und steht doch zugleich souverän über den Dingen. Er hat diese Welt geschaffen, vom Gänseblümchen auf der Wiese bis zu den Galaxien, die viele Millionen Lichtjahre entfernt sind und die das bloße Auge nur als Punkt am Himmel sieht. Er hat unsere Welt nicht wie ein Uhrwerk aufgezogen und sitzt nun untätig herum, sondern er hält unermüdlich und fürsorglich alles im Blick und kann zu jedem Zeitpunkt den Lauf der Dinge beeinflussen. Daran können wir uns jedes Mal erinnern, wenn wir beten. Denn Jesus nimmt uns mit hinein in diese besondere Beziehung zu Gott, wenn er sagt: „Wenn ihr den Vater um etwas bitten werdet in meinem Namen, wird er's euch geben" (Johannes 16,23).

Eine Kreditkartenfirma warb kürzlich mit dem Slogan: „Bezahlen Sie mit Ihrem guten Namen." Tatsächlich spielt der Name des Kunden jedoch gar keine Rolle, sondern nur sein ausreichend hohes Guthaben und die Nummer der Karte dieser Firma. Beim Beten ist das ähnlich: Wir dürfen uns auf Jesus berufen, der als Mensch und Bruder auf unserer Seite ist, und unsere Gebete mit seinem Absender versehen. Anders gesagt: Wir dürfen sein Passwort benutzen, wenn wir uns bei Gott einloggen. Es ist also keine Frage mehr, ob unsere Gebete „ankommen". Gott ist uns möglicherweise sogar dann besonders nahe, wenn wir davon nichts zu merken scheinen. Henri Nouwen hat dieses Paradox einmal treffend beschrieben: „Als Gott selbst in seiner Menschlichkeit Teil unserer so schmerzhaften Erfahrung der Abwesenheit Gottes wurde, wurde er für uns enorm präsent. Wenn wir beten, dann tauchen wir in dieses Geheimnis ein."

Bitten zu äußern und ihnen zu entsprechen, das ist das Rückgrat jeder guten Beziehung: Bitten verbindet, während Fordern entzweit und gleichgültiges Schweigen entfremdet. Der Philosophieprofessor Dallas Willard schreibt: „Das Bitten ist das große Gesetz der spirituellen Welt, durch das Dinge zustande kommen – im Zusammenwirken mit Gott und in Übereinstimmung mit der Freiheit und Würde jedes Einzelnen."[35] Daher legt uns Jesus das Gebet so nachdrücklich ans Herz, wenn er in Matthäus 7,7–11 sagt:

[35] Dallas Willard, The Divine Conspiracy. Rediscovering Our Hidden Life in God, London 1998, S. 255

Bittet, dann wird euch gegeben; sucht, dann werdet ihr finden; klopft an, dann wird euch geöffnet. Denn wer bittet, der empfängt; wer sucht, der findet; und wer anklopft, dem wird geöffnet.

Oder ist einer unter euch, der seinem Sohn einen Stein gibt, wenn er um Brot bittet, oder eine Schlange, wenn er um einen Fisch bittet? Wenn nun schon ihr, die ihr böse seid, euren Kindern gebt, was gut ist, wie viel mehr wird euer Vater im Himmel denen Gutes geben, die ihn bitten.

Und doch ist Beten kein Automatismus, der immer „funktioniert". Gott ist auch keine gute Fee. Gute Eltern erfüllen ihren Kindern nicht jeden Wunsch, und selbst unter Liebenden muss immer die Freiheit da sein, Nein zu sagen. Wenn aber eine Beziehung ernsthaft gestört ist, dann ist erst einmal Klärung angesagt, bevor wir wieder über Wünsche reden. Unter Freunden oder Ehepartnern gilt das genauso wie Gott gegenüber.

Ein namhafter Philosoph und ein berühmter Theologe sprachen über das Gebet. Der erste verglich den Beter mit jemand, der am Telefon redet, aber gar nicht weiß, ob ihn am anderen Ende einer hört. Der Theologe antwortete: „Herr Kollege, Sie irren! Wir reden mit Gott, weil es bei uns geklingelt hat." Der Heilige Geist ist es, der etwas in uns klingeln lässt: Er weckt in uns das Bedürfnis zu beten, er hilft uns, Worte zu finden, mit denen wir Gott unser Herz ausschütten können, und er schenkt uns die Gewissheit, dass all das keine leere Pflichtübung ist. Beten beginnt mit dem Geheimnis der Menschlichkeit Gottes in Jesus, und es zieht uns hinein in die Bewegung, den Strom des Heiligen Geistes. Paulus schreibt an die Christen in Rom:

Wir wissen nicht, wie wir richtig beten sollen. Aber der Geist hilft uns in unserer Schwachheit (Römer 8,26).

Das Gebet ist keine Einbahnstraße; unser Gespräch mit Gott läuft in beide Richtungen. Denn auch unsere eigenen

Gedanken und Vorstellungen formen sich während des Betens. Hin und wieder ahnen wir, dass Gott darin zu uns spricht. Die Mystikerin Mechthild von Magdeburg (1207–1282) spricht vom „zehnfachen Nutzen des Gebets" in diesen Worten:

Das Gebet hat große Kraft,
das ein Mensch vollbringt mit aller seiner Macht:
Es machet ein bitteres Herz süß,
ein trauriges Herz froh,
ein armes Herz reich,
ein törichtes Herz weise,
ein zaghaftes Herz kühn,
ein kraftloses Herz stark,
ein blindes Herz sehend,
eine kalte Seele brennend.

Es zieht hernieder den großen Gott in ein kleines Herz,
es treibt die hungrige Seele hinauf zu dem Gott der Fülle,
es bringt zusammen die zwei Liebenden, Gott und die Seele,
an einen wonniglichen Ort,
da sprechen sie viel von Liebe.

Das Gebet verändert uns selbst, aber es geht über „Gott und die Seele" hinaus: Es kann auch die Dinge um uns her in Bewegung bringen, im Kleinen wie im Großen: Die Montagsgebete in der Leipziger Nikolaikirche waren für viele Menschen ein entscheidender Faktor, der zum Fall der Mauer und zum friedlichen Sturz des SED-Regimes beitrug. Die meisten Deutschen empfanden die Wiedervereinigung trotz der vielfältigen Herausforderungen als ein Geschenk Gottes. Und dass alles ohne Blutvergießen ablief, war tatsächlich ein nicht gerade kleines Wunder.

Viele Menschen können an dieser Stelle auch von eigenen kleinen und großen Gebetserhörungen berichten. Ich glaube kaum, dass man den christlichen Glauben beweisen kann, indem man eine Reihe von Beispielen für einzelne erhörte Gebete vorlegt. Denn jedes einzelne erhörte Gebet könnte auch einfach als „Zufall" abgetan werden. Wir wissen schließlich nicht zweifelsfrei, was gewesen wäre, wenn wir nicht gebetet hätten. Trotzdem – viele Christen würden sagen, dass ihnen mehr „zufällt", wenn sie beten.

Und doch kann trotz aller guten Erfahrungen das Gebet für uns auch ein Ort werden, an dem uns Gottes Ferne und Abwesenheit und damit auch unsere eigene Einsamkeit am härtesten treffen. Wir können uns selbst zwar sagen, dass Gott da ist, aber es kommt in unserem Herzen nicht an. Mutter Teresa schrieb im September 1979 von einer solchen Erfahrung, die für sie kein Einzelfall war – allerdings auch kein Grund, an Gott zu verzweifeln und sich vom Gebet abzuwenden. Wohl aber ein Grund zur Klage, die vor Gott auch einen Platz hat: *Für mich sind die Stille und Leere so groß, dass ich umherschaue und nichts sehe, dass ich lausche und nichts höre – meine Zunge bewegt sich, wenn ich bete, aber sie sagt nichts.*

Wenn Sie also das Gebet zeitweise als trocken und leer empfinden, dann sind Sie immer noch in guter Gesellschaft. Viele große Persönlichkeiten der Christenheit haben ähnliche Erfahrungen gemacht und dann mit dem 73. Psalm trotzig dagegengehalten: „Dennoch bleibe ich stets an dir."

Ein zeitloses Modell

Aber wie geht das mit dem „An-dir-dran-Bleiben"? Das sogenannte „Vaterunser" ist wohl das bekannteste Gebet der

Menschheit. Jesus hat es seinen Jüngern beigebracht, damit sie an diesem Beispiel lernen, selbst mit Gott ins Gespräch zu kommen:

So sollt ihr beten: Unser Vater im Himmel, dein Name werde geheiligt, dein Reich komme, dein Wille geschehe wie im Himmel, so auf der Erde. Gib uns heute das Brot, das wir brauchen. Und erlass uns unsere Schulden, wie auch wir sie unseren Schuldnern erlassen haben. Und führe uns nicht in Versuchung, sondern rette uns vor dem Bösen (Matthäus 6,9–13).

Der Adressat: „Vater im Himmel"

Wir reden nicht in die Luft oder zur Zimmerdecke, sondern wir können uns vertrauensvoll und dankbar an Gott wenden. Wenn wir heute den Himmel ansehen, denken wir zum Beispiel an den Weltraum: an unermessliche Entfernungen oder lebensfeindliche Kälte und Leere. Für die Menschen zur Zeit Jesu war der Himmel der Bereich der Welt, der zwar nicht direkt zugänglich war, der aber für alle wahrnehmbar durch Sonne, Wind und Regen das Leben auf der Erde bestimmte. Sie erinnern sich vielleicht noch an das Beispiel des zweidimensionalen Tom. Gott kann uns näher sein als die Luft, die uns umgibt, auch wenn wir es nicht spüren. Thomas Merton, ein katholischer Mönch und bekannter Schriftsteller, schrieb vor einigen Jahren dazu:

Alles echte Gebet bekennt irgendwie unsere vollständige Abhängigkeit von dem Herrn über Leben und Tod. Darum ist es eine tiefe Berührung mit ihm, den wir nicht nur als Herrn, sondern auch als Vater kennen.[36]

[36] Thomas Merton, Keiner ist eine Insel. Betrachtungen über die Liebe, Düsseldorf/Zürich 1994, S. 53

Für das jüdische Volk zeigte der Name einer Person auch den Charakter, das Wesen dieser Person. Gottes Name war so heilig, dass man ihn nicht direkt auszusprechen wagte und lieber „der Herr" sagte. Im Blick auf Gottes Namen und seine Ehre das Gebet zu beginnen ist auch ein Ausdruck davon, dass wir verstehen: Die Welt dreht sich nicht in erster Linie um uns und unsere Bedürfnisse. Mancher Konflikt wäre leicht zu lösen, wenn wir Gott wichtiger nehmen würden als uns selbst.

Das Ziel: Gottes Herrschaft kommt

Gottes Wille, daran lässt die Bibel keinen Zweifel aufkommen, geschieht in unserer Welt nicht einfach von selbst. Im Gegenteil, seine Interessen werden oft mit Füßen getreten, und im Bemühen vieler, ihr eigenes Reich zu bauen oder zu verteidigen, scheint für Liebe und Gerechtigkeit kaum Platz in unserer Gesellschaft zu sein.

„Dein Wille geschehe!" ist also kein resigniertes Gebet, als hätten wir keine Ahnung, worum es Gott geht, oder als wollten wir sagen: „Du machst doch ohnehin, was du willst." Es ist ein kämpferisches Gebet von Menschen, die nicht vor „Sachzwängen" kapitulieren und sich nicht damit abfinden, dass die Welt nun einmal so ein dunkler und gefährlicher Ort ist. Denn wo das Reich Gottes kommt, da beginnt sein Wille zu geschehen. Und wenn geschieht, was Gott will, dann blühen Menschen plötzlich auf. Das Gebet darum, dass Gottes Herrschaft anbricht und sein Wille geschieht, ist ein subversiver Akt. Wer so betet, wird ein unsicherer Kantonist für seine Firma, seine Nation, unsere Wirtschaftsordnung und unsere (manchmal allzu bequeme) Kapitulation vor dem scheinbar Unvermeidlichen. Der Theologe Walter Wink schreibt, das Gebet sei

... geistliche Missachtung dessen, was ist, im Namen der Verhei-
ßungen Gottes. Fürbitte stellt uns eine andere Zukunft vor Augen
als die, zu der uns die Wucht der gegen uns gerichteten Kräfte an-
scheinend verdammt. Sie lässt die Luft einer Zeit, die noch aussteht,
in die jetzige, stickige Atmosphäre hinein.

(...) Gebet ist kein Gesuch, das an einen allmächtigen König ge-
richtet wird, der alles zu jeder Zeit tun kann. Es ist ein Akt, der den
Ursprung, das Ziel und den Prozess des Universums befreit von den
Verzerrungen, Vergiftungen, Verwüstungen, falschen Richtungen
und dem puren Hass auf alles, was ist, der Gottes Absichten auf-
hält. Wenn wir beten, schicken wir keinen Brief an ein himmlisches
Weißes Haus, wo er mit anderen auf einen Stapel gelegt wird. Wir
beteiligen uns vielmehr an einem Schöpfungsakt, in dem ein klei-
ner Sektor des Universums sich erhebt und lichtdurchlässig wird,
hell glühend, ein vibrierendes Kraftzentrum, das die Kraft des Uni-
versums ausstrahlt. Die Geschichte gehört den Betern, die die Zu-
kunft in Existenz glauben. Wenn das so ist, dann ist Fürbitte alles
andere als eine Flucht vor dem Handeln, sondern ein Weg, der auf
Aktion zielt und sie herbeiführt.[37]

Unsere Bedürfnisse: Das tägliche Brot

Auch wenn wir als Christen unsere Wünsche und Bedürfnisse nicht an die erste Stelle setzen, so dürfen und sollen
wir doch auch mit Gott über das reden, was wir zum täg-
lichen Leben so alles brauchen. Für Martin Luther gehörten
dazu neben „Essen, Trinken, Kleidern, Schuhen, Haus, Hof,
Acker, Vieh, Geld, Gut" auch eine Familie, die zusammen-
hält, verlässliche Mitarbeiter und faire Vorgesetzte, eine gute

---

[37] Walter Wink, Engaging the Powers. Discernment and Resistance in a World of Domi-
nation, Minneapolis 1992, 303 f

Regierung, gutes Wetter, Friede, Gesundheit, die Achtung der Menschenwürde, gute Freunde und Nachbarn und vieles mehr. Nicht von ungefähr schreibt Paulus:

Sorgt euch um nichts, sondern bringt in jeder Lage betend und flehend eure Bitten mit Dank vor Gott! (Philipper 4,6).

Es kommt nicht auf die Information an. Natürlich weiß Gott, was wir brauchen. Meistens weiß er das sogar besser als wir selbst. Und trotzdem wartet er oft darauf, dass wir ihn bitten. Bitten und Danken, Schenken und Empfangen sind das Grundmuster jeder guten Beziehung. Wo ich dagegen jede Freundlichkeit für selbstverständlich halte oder meine Ansprüche fordernd einklage, da ist die Liebe schon auf dem Rückzug. Ich darf Gott also meine Wünsche sagen und meine Bitten vortragen, sogar dann, wenn es um Geld geht. Wenn ich zuvor für die Armen in meiner Stadt und anderen Teilen der Welt gebetet habe, fällt diese Bitte sicher auch nicht maßlos aus. Es ist völlig in Ordnung, für einen guten Arbeits- oder Studienplatz zu beten, um Gesundheit oder was uns sonst fehlt. Es ist allemal besser, darum zu beten und die Dinge in Gottes Hand zu legen, als mit allen möglichen anderen Mitteln darum zu streiten und zu kämpfen! Aber auch wenn ich bete, werde ich noch meine Bewerbungsbriefe schreiben oder meine Medikamente nehmen, genauso wie ein Bauer seit Jesu Zeiten sein Feld bestellt und dabei für eine gute Ernte betet. Es ist eben nicht so, dass Gott sich nur für die großen Dinge dieser Welt interessiert und unsere persönlichen Interessen dagegen einfach zu unwichtig sind. Es scheint eher so zu sein, dass er uns einen Tausch anbietet: Er sorgt für unsere Bedürfnisse, damit wir den Kopf frei haben, uns um die Dinge zu kümmern, die ihm wichtig sind. Daher ist es für uns eine so wichtige Übung, uns auf ihn ganz praktisch zu verlassen.

Unsere Hindernisse: Schuld und Vergebung

Wenn wir mit Gott schon im Gespräch sind über unser Leben, dann wird uns auch immer wieder einmal auffallen, dass in unserer Beziehung zu ihm nicht alles rund läuft. Natürlich sind wir durch Jesus mit Gott versöhnt und müssen uns den Zugang zu ihm nicht jedes Mal neu freischaufeln. Aber es geht ja auch um ein Wachsen in der Liebe zu Gott, und damit stellt sich auch die Frage, wie wir so leben können, dass wir ihm möglichst viel Freude und möglichst wenig Kummer machen. So wie Vergebung und Versöhnung unter Freunden und Liebenden eine schöne und fröhliche Sache sind, so wirkt diese Entlastung auch zwischen Gott und uns.

Gleichzeitig erwartet Gott mit Recht von uns, dass wir Vergebung genauso großzügig weitergeben, wie wir sie selbst empfangen haben. Das bedeutet nicht, dass wir unseren Mitmenschen gegenüber so tun müssten, als sei nichts geschehen, wenn sie uns schlecht behandeln und Unrecht tun. Aber wir verzichten darauf, den anderen dafür anzuklagen und ihm sein Fehlverhalten nachzutragen. Vergeben bedeutet auch nicht, dass unsere verletzten Gefühle mit einem Mal Ruhe geben. Es ist eine Entscheidung des Willens. Und dieses bewusste Loslassen ist der erste Schritt, unsere Gefühle zu heilen, inneren Frieden zu finden und die Beziehung zu den Menschen, die uns verletzt und enttäuscht haben, wiederherzustellen. Manche Konflikte und Wunden bemerken wir gar nicht, bis wir bei Gott zur Ruhe kommen. Aber in dem Moment, wo ich mich öffne, werden mir meine Gefühle bewusst. Es ist dann nicht nötig, den kompletten Film der schmerzlichen Erinnerungen wieder und wieder vor meinem inneren Auge ablaufen zu lassen. Umgekehrt brauche ich auch nichts zu verdrängen. Stattdessen kann ich Gott, dem ich nichts erklären muss, meine verletzten Gefühle hinhalten und ihn um die Kraft bitten, den anderen anzunehmen und zu lieben.

Unser Schutz: Erlöse uns von dem Bösen

Die Versuchung, Unrecht mit Unrecht zu vergelten, weil „man sich schließlich nichts gefallen lassen darf", ist nur ein Beispiel dafür, wie unsere Umwelt uns ständig in einen Zwiespalt bringt: Sollen wir nun den Weg Jesu gehen wollen oder einen der vielen anderen? Und wenn wir ehrlich sind, dann ist es mit unserer Widerstandskraft gegenüber Zorn und Rache, Gier und Eitelkeit, Angst, Gleichgültigkeit und Egoismus nicht immer sehr weit her. Jeder Tag hat seine Bewährungsproben. Doch wir dürfen Gott um die Kraft bitten, dass wir sie bestehen. Dann können wir uns diesen Auseinandersetzungen mit neuer Entschlossenheit stellen und daran wachsen. Nichts treibt uns so sehr in Gottes Arme, nichts macht uns unsere Grenzen deutlicher und nichts lässt uns klarer erkennen, dass wir sie irgendwie überwinden müssen, wenn wir leben und andere leben lassen wollen, als unsere Feinde. Heute hängt unser globales Überleben davon ab, ob es uns gelingt, sie zu lieben und Böses mit Gutem zu überwinden. Darum geht es in diesem Gebet: nicht dass wir von allem Bösen verschont bleiben, sondern dass wir uns an dem Bösen, das uns angetan wird, nicht anstecken und vom Opfer zum Täter werden.

In gewisser Weise steckt das Drehbuch für den Akt des Dramas, in dem wir auftreten, also schon in diesem einen Gebet. Ob wir es nun wörtlich nachbeten oder sinngemäß oder beides: Wir üben uns schon in die Rolle ein, die Gott uns zugedacht hat. Aber alles beginnt mit dem Kontakt zum Autor und Regisseur. Erst im beständigen Austausch mit ihm finden wir die Rolle, die er uns auf den Leib geschrieben hat. Es ist keine schlechte Gewohnheit, sie täglich zu rekapitulieren und sich die Kraft schenken zu lassen für einen engagierten, kraftvollen Auftritt.

Purer Luxus

Die Bibel beschreibt das Gebet als alles umfassende Grundhaltung. Wir können mit Gott überall reden; seine Gegenwart ist nicht an einen bestimmten Ort gebunden oder auf eine bestimmte Zeit beschränkt. Der Gemeinde in Thessaloniki schreibt Paulus:

Freut euch zu jeder Zeit! Betet ohne Unterlass! Dankt für alles; denn das will Gott von euch, die ihr Christus Jesus gehört (1. Thessalonicher 5,16–18).

Nun hat Paulus bei dieser Aufforderung sicher nicht im Sinn, dass wir – salopp gesagt – Gott pausenlos „zutexten". Es gibt neben der Bitte und dem Dank noch zwei andere Dimensionen des Betens. Die eine ist, dass wir Gott unser Herz ausschütten und ihn hineinnehmen in die Dinge, die uns beschäftigen. Auch hier geht es nicht so sehr um die Sachinformation, sondern darum, unsere Gefühle und Empfindungen vor ihm auszubreiten. Und dann gibt es noch das Schweigen. Es unterscheidet gute Beziehungen von nicht ganz so guten: dass wir gemeinsam schweigen können, ohne uns dabei zu verlieren oder nervös zu werden. Paul Watzlawicks lapidare Feststellung, man könne nicht *nicht* kommunizieren, gilt hier in einem ganz besonderen Maß. Nach und nach stellen wir fest, dass erst das Schweigen den Worten, die wir sprechen, ein besonderes Gewicht gibt, ähnlich wie in der Musik die Pausen mindestens so wichtig sind wie die Töne selbst.

Und so lesen wir von Jesus, dass er sich nachts oder früh am Morgen regelmäßig in die Einsamkeit zurückzog, um zu beten (Markus 1,35). Was zunächst wie ein Widerspruch klingt, sind doch nur die zwei Seiten einer Medaille: Um immer und überall mit Gott verbunden zu sein, sind eine feste Zeit, ein regelmäßiger Rhythmus und ein Ort, wo Ruhe und Konzentration möglich sind, wichtige Grundlagen. Die „Kammer", von der oben die Rede war, kann auch ein Spaziergang in stiller Umgebung sein. Jede gute Beziehung lebt – nicht nur, aber auch – aus solchen kleine Ritualen und Gewohnheiten.

Das Leben im Gespräch mit Gott ist kein Leistungssport. Es ist daher völlig in Ordnung, wenn wir klein anfangen. Zeiten, in denen wir unbehelligt sind von Anrufen, E-Mails, medialer Berieselung und To-do-Listen, sind für viele Menschen heute purer Luxus. Aber ein Luxus, der kein Geld kostet und den wir uns regelmäßig leisten sollten. Sie können das für sich zu Hause im Alltag ausprobieren: Beten Sie täglich fünf bis zehn Minuten, aus denen gerne mehr werden darf, zu einer festen Zeit und an einem festen Ort. Es kann sogar einmal zäh und langweilig sein, auf Dauer bleibt es mit Sicherheit nicht so. Fulbert Steffensky schreibt zu Recht: *Das Gefühl innerer Erfülltheit rechtfertigt die Sache nicht, das Gefühl innerer Leere verurteilt sie nicht. Meditieren, Beten, Lesen sind Bildungsvorgänge. Bildung ist ein langfristiges Unternehmen.*[38]

Zur Zweisamkeit mit Gott kommt das gemeinsame Gebet. Denn auch wenn Beten, wie Jesus in der Bergpredigt sagt, nicht dazu dient, bei anderen Eindruck zu schinden, so

---

[38] Vgl. Schwarzbrot-Spiritualität, S. 21

spricht er doch davon, dass dem gemeinsamen Gebet eine besondere Kraft gegeben ist. „Alles, was zwei von euch auf Erden gemeinsam erbitten, werden sie von meinem himmlischen Vater erhalten" (Matthäus 18,19). Viele von uns kostet diese Form des Betens erst einmal ein gehöriges Maß an Überwindung. Irgendwann wagen wir es dann, in der Gegenwart anderer einen hörbaren Satz auszusprechen, und stellen fest, dass es gar nicht so schwer war, wie es zunächst den Anschein hatte. Außerdem ist es auch eine sehr bereichernde Erfahrung, wenn andere meine Gebetsanliegen hören und mittragen und ich meinerseits an der Art und Weise, wie andere ihre Beziehung zu Gott leben, teilhaben kann.

Nach und nach werden Sie wie viele andere vor Ihnen entdecken, was für eine spannende Sache das Gebet sein kann, wenn wir dem Beispiel Jesu folgen. Vielleicht werden Sie bald mit Henri Nouwen sagen können:

Das Gebet zieht uns weg von der Beschäftigung mit uns selbst, ermutigt uns, vertrautes Gelände zu verlassen, und fordert uns heraus, eine neue Welt zu betreten, die unser Herz und Verstand mit seinen engen Grenzen nicht fassen kann. Gebet ist daher das große Abenteuer, weil der Gott, mit dem wir eine neue Beziehung eingehen, größer ist als wir und alle unsere Berechnungen und Vorsichtsmaßnahmen missachtet. Die Bewegung vom Wunschdenken zum Gebet fällt schwer, weil sie uns von falschen Gewissheiten zu wahren Ungewissheiten führt, (...) von den vielen „sicheren" Göttern zu dem Gott, dessen Liebe keine Grenzen hat.[39]

---

[39] Henri Nouwen, Reaching Out. The Three Movements of the Spiritual Life, Grand Rapids 1998, S. 95

11. Bewegte Bilder

Jesus hat im Unterschied zu manch anderen Religionsgründern nie ein Buch geschrieben. Stattdessen sammelte er Menschen zu einer Gemeinschaft und vertraute ihnen den Fortgang seiner Sache an – wohl wissend, dass diese Truppe alles andere als perfekt war. Der Grund liegt auf der Hand: Das Reich Gottes lässt sich nicht in abstrakte Konzepte, Prinzipien und Prozeduren fassen. Es ist kein rein geistiges Ideal, es ist mehr als ein Gegenstand des Erkennens und Wissens. Es geht um mehr als nur darum, informiert zu sein – es geht um das Wunder neuen Lebens, in das man schrittweise hineinwächst, und um die Spannung zwischen diesem neuen Leben und einer Welt, die seine Ankunft noch nicht bemerkt hat oder sie nicht wahrhaben will. Es geht um eine Nachricht, die wir uns nicht selber sagen können, aber an die wir immer wieder erinnert werden müssen, die uns sichtbar vor Augen gestellt werden muss. Jeder wahre Christ, hat Richard Rohr einmal gesagt, ist das vermutlich nur, weil er einem wahren Christen begegnet ist: jemandem, der nicht nur eine Meinung über Gott hatte, sondern aus der Begegnung mit Gott heraus lebt. Wir lernen die Sprache des Glaubens nur in der Gemeinschaft derer, die sie sprechen. Und wir finden unsere Rolle nur im Kreis derer, die schon Gottes Mitspieler geworden sind.

Ein göttliches Schauspiel

Das Drama der Erlösung ist keine One-Man-Show. Jeder einzelne Mensch wäre hoffnungslos überfordert damit, wenn er auf sich allein gestellt all das verkörpern und ausstrahlen musste, was christliche Hoffnung und Leben aus dem Glauben ausmacht. Aber genau darum geht es: Menschen werden zu Akteuren, die in ihrer Welt anschaulich und fassbar werden lassen, was Gott sich für alle Menschen und seine ganze Schöpfung wünscht. In Lukas 23,48 redet der Evangelist von der Kreuzigung als einem Schauspiel, das viele Zuschauer anzog und betroffen zurückließ. Im Grunde sieht Lukas das ganze Leben Jesu in dieser Perspektive des göttlichen Dramas. In der antiken Welt schrieb man dem Theater eine reinigende, heilsame Wirkung zu – die „Katharsis", von der auch heute noch in der Psychologie geredet wird. Negative Kräfte und zerstörerische Stimmungen konnten sich gefahrlos entladen. Der bekannte Buchautor Anselm Grün schreibt dazu: *Wer sich auf das Schauspiel des Lebens Jesu einlässt, wer es schauend in sich hineinnimmt, wer es immer wieder meditiert und wer es im Schauspiel der Eucharistie (d.h. des Abendmahls, P. A.) immer wieder feiert, an dem geschieht Katharsis, an dem geschieht Erlösung.*[40]

Die Vorstellung ist nach diesem Höhe- und Wendepunkt – Jesu Tod und Auferstehung – also nicht beendet, es hat lediglich ein neuer Akt begonnen. Als Zuschauer werden wir in die Handlung hineingezogen, wir werden Mitspieler auf der Bühne des Lebens, wir sehen uns selbst und unsere Möglichkeiten in einem neuen Licht und beginnen, anders zu leben. An den ersten Christen war das sehr konkret ablesbar: In der Apostelgeschichte begegnen wir Petrus und Johannes, die einen Lahmen heilen. Wir treffen Stephanus, der seinen Mördern vergibt. Und wir lesen von Paulus, der sich auf einen entbehrungsreichen Weg macht, damit die Welt die

---

[40] Anselm Grün, Erlösung. Ihre Bedeutung in unserem Leben, Stuttgart 2004, S. 44

gute Nachricht von Gottes Liebe in seinem Sohn hört. Lukas konnte Kirche gar nicht anders beschreiben als in diesen Geschichten über ganz unterschiedliche Typen, die in der Begegnung mit Jesus ihre wahre Identität erkannt und ihre Bestimmung entdeckt hatten.

Einfache Menschen

Und heute? Vielleicht gehören Sie auch zu denen, die mit dem organisierten Christentum bisher zwiespältige Erfahrungen gemacht haben. Es ist sinnlos, sie wegdiskutieren zu wollen, und es wäre müßig, das aktuelle und historische Versagen von Christen aufzulisten. Keine Frage: An den meisten kirchlichen Institutionen, am Verhalten etlicher ihrer Repräsentanten und an dem Klima in manchen Gruppen und Gemeinschaften gibt es Einiges auszusetzen. Und doch ist das nur die eine Seite. Denn dass die Kirche zu Beginn des dritten Jahrtausends in vielen Regionen der Welt wächst und gedeiht, ist der Tatsache zu verdanken, dass es zugleich immer auch Millionen einfacher Christen gegeben hat, die fröhlich und selbstlos ihre Nächsten geliebt und sich um sie gekümmert haben. Manche von ihnen haben im Leben schlimme Verluste erlitten, aber sie sind darüber nicht verbittert. Kirche – das sind zunächst einmal Menschen, die Jesus kennen und folgen. Und wenn man genau hinsieht, dann findet man sie praktisch überall, in allen Konfessionen. Kirche ist auch nach 2000 Jahren eine Basisbewegung geblieben, die sich weder durch ehrgeizige Funktionäre in enge konfessionelle Korsette zwingen, noch durch Druck der jeweiligen politischen Reiche und Herrscher gleichschalten ließ. Notfalls ging sie in den Untergrund – und kam aus diesem in der Regel stärker und vitaler wieder zurück.

Die Kluft zwischen Anspruch und Wirklichkeit der Kirche zu beklagen ist verständlich. Aber es gibt auch eine andere Perspektive: Ginge es Gott vor allem anderen um einen *Anspruch*, dann stellte sich sofort die Schuldfrage: Wer trägt die Verantwortung dafür, dass meine persönliche Erfahrung wie auch das kirchliche Leben im Großen und Kleinen oft nur ein fader Abklatsch biblischer Verheißungen ist? Aber Gott und die biblischen Autoren legen uns hier keine Latte vor die Nase, die wir entweder überspringen oder reißen können, sondern sie bauen uns ein Sprungbrett. Die Kluft ist erst dann ein Problem, wenn ich nicht mehr springen will. Gottes *Zuspruch* blickt vom herrlichen Ende zurück und sieht den Sonnenaufgang auf den Gesichtern derer, die ihm entgegengehen. Wenn irgendetwas mit dieser Welt – und mit mir – besser werden soll, dann muss ich mir diese Perspektive der Verheißung schenken lassen und im kleinen Senfkorn schon den großen Baum sehen. Jesus sagt:

Ihr seid das Licht der Welt. Eine Stadt, die auf einem Berg liegt, kann nicht verborgen bleiben. Man zündet auch nicht ein Licht an und stülpt ein Gefäß darüber, sondern man stellt es auf den Leuchter; dann leuchtet es allen im Haus. So soll euer Licht vor den Menschen leuchten, damit sie eure guten Werke sehen und euren Vater im Himmel preisen (Matthäus 5,14–16).

Ich habe die Auferstehung Jesu oben als einen Trailer, einen „Vorgucker" bezeichnet, der uns Gottes wahres Wesen und seine Hoffnung für eine kranke und zerrissene Welt vor Augen führt. In gewisser Hinsicht ist das auch die Bestimmung der Kirche. Sie hat die Welt nicht in dem Sinne „erobert", dass Leid, Kriege und Ungerechtigkeit schon der Vergangenheit angehörten. Aber sie zeigt, dass es mitten in all den schweren Umständen eine Alternative zu Apathie, Verzweiflung, Zynismus und dem Überlebenskampf aller gegen alle gibt. An manchen Stellen kommt der Himmel in Ansätzen jetzt schon auf die Erde: Feinde versöhnen sich, Gleichgültige nehmen Anteil, Opfer werden aufgerichtet, Tätern wird die Tür zu Umkehr und Vergebung für einen Neuanfang geöffnet.

Gesunde Gemeinschaft

Vor ein paar Monaten las ich einen Bericht über die Arbeit von Dr. Tony Moll im südafrikanischen Tugela Ferry. Der kleine Ort in der Provinz Kwazulu Natal galt als eine der gefährlichsten Städte in Südafrika und Molls Klinik wurde seit 1997 von HIV-Patienten förmlich überschwemmt. Die Leute starben den Ärzten und Pflegern unter den Händen weg. Moll gründete ein Hospiz mit freiwilligen Helfern, das sich im Laufe der Zeit zu einem lokalen Versorgungszentrum entwickelte. Dieser Schritt brachte die Wende – und der Erfolg rührte daher, dass er HIV-Infizierte als „Trainer" einsetzte. Oft waren das ungebildete Frauen und Männer, sie waren ab und zu misstrauisch den Ärzten gegenüber und wollten wissen, was mit ihnen geschah und warum sie diese Behandlung bekamen und keine andere. Moll und seine Ärzte erklärten es ihnen. Dann aber halfen sie anderen Patienten, die Symptome der Krankheit früh zu erkennen und die Wirkung und komplizierte Anwendung der antiretroviralen AIDS-Medikamente zu verstehen. Ein Vergleich mit großen und teuren Kampagnen ergab, dass diese in der Regel daran scheiterten, dass sie einseitig auf Profis und Spezialisten setzten und den Patienten wenig zutrauten und zumuteten. Molls Helfer dagegen waren überzeugt, dass die Mehrheit ihrer Leidensgenossen und deren Familien verstehen konnten, wie man seine Gesundheit verbessert, und motiviert genug waren, das auf Dauer durchzuhalten. Christen – egal, welcher Prägung – sind in gewisser Hinsicht wie die Patienten von Dr. Moll. Sie kennen die Krankheit, sie sind im Prozess der Heilung begriffen und nehmen die Medizin selbst immer noch. Daher können sie anderen auch erklären, wie sie selbst kuriert werden und sich ihrerseits für eine gesunde Welt einsetzen können. „Profis", die gut ausgebildet sind und viel Zeit einbringen können, sind aus dieser Perspektive nicht überflüssig. Aber ihre Aufgabe wird eine andere: Sie sind Trainer und Ermutiger, die ihrem Team helfen, seine Aufgabe möglichst gut zu erfüllen. Denn wir alle brauchen Menschen um uns her, die es verstehen, das Beste aus uns herauszukitzeln.

Anne Lamott – Sie erinnern sich an die kleine Katze? – beschreibt, was ihre Gemeinde für sie bedeutet, und erzählt dazu eine Geschichte ihrer Pastorin:

Als sie ungefähr sieben war, verlief sich eines Tages ihre beste Freundin. Das kleine Mädchen lief die Straßen der großen Stadt, in der es lebte, auf und ab, konnte aber keinen Orientierungspunkt finden. Sie hatte große Angst. Schließlich hielt ein Polizist an, um ihr zu helfen. Er setzte sie auf den Beifahrersitz seines Autos, und sie fuhren durch die Gegend, bis sie ihre Kirche sah. Sie zeigte sie dem Polizisten und sagte ihm bestimmt: „Sie können mich jetzt rauslassen. Das ist meine Kirche, und von hier finde ich immer heim."
Und deshalb bleibe ich so nah an meiner – denn ganz egal, wie schlecht ich mich fühle, wie verloren oder einsam oder verängstigt, wenn ich die Gesichter der Leute in meiner Kirche sehe und ihre rauchigen Stimmen höre, kann ich immer heimfinden.

Und etwas später stellt sie dann fest:

Meine Verwandten leben alle in der Bay Area (um San Francisco) und ich vergöttere sie, aber sie drehen sich alle so ängstlich um sich selbst wie ich, und das meine ich in der allernettesten Weise. Sagen

wir einfach: Ich verlasse Familientreffen nicht mit dem Gefühl, eine
Art geistliche Chemotherapie bekommen zu haben. Aber wenn ich
von St. Andrews komme, habe ich das.[41]

„Chemotherapie" ist ein starker Ausdruck, der vielleicht nicht jedem unmittelbar einleuchtet. Setzt das nicht ein etwas weinerliches Selbstbild voraus? Ist Kirche ein großes Lazarett? Es gibt ja tatsächlich Gemeinden, die so wirken: Sie bestehen zum größeren Teil aus bedürftigen Menschen, die sich trösten lassen, und zum kleinen Teil aus Leuten mit einem Helfersyndrom, denen es dann gutgeht, wenn sie gebraucht werden. „Normale" haben es schwer, denn wer kein Problem hat, wird kaum beachtet, und wer beim Helfen kritische Fragen stellt, wird als unbarmherzig beschimpft. Ich denke aber, Lamott meint etwas ganz anderes: Wir alle leben in einer Welt, in der uns täglich vor Augen geführt wird, dass Geld die Welt regiert und Konsum glücklich macht, dass nur die harten Typen überleben, dass manche Probleme unüberwindlich groß sind und wir vor ihnen nur kapitulieren können, dass nur die Schönen und Erfolgreichen geliebt werden und dass man Feinde nicht lieben, sondern kaltstellen muss. Und weil so viele Menschen das verinnerlicht haben, fragt man sich als Jesusnachfolger immer wieder einmal, ob man ein bisschen verrückt ist, wenn man gegen den Strom schwimmt und am Ende vor einem Scherbenhaufen steht, wenn man den Weg der Liebe geht, die sich selbst verschenkt. Also brauchen wir einen Ort, wo wir uns gegenseitig daran erinnern, dass diese Welt manchmal total verrückt ist und nicht Gott, dessen Ruf wir folgen. Wo wir uns gegenseitig anfeuern, wenn wir müde werden und die Hoffnung sinken lassen.

[41] Anne Lamott, Traveling Mercies, S. 100

Aber das ist noch nicht alles: Wo immer sich Gottes bedingungslose Liebe und Annahme in menschlichen Beziehungen widerspiegelt, werden Menschen auch emotional heiler. Ich habe das in vielen christlichen Gemeinschaften gesehen: Leute lernen, denen zu vergeben, die sie verletzt haben oder ihnen etwas schuldig geblieben sind. Sie werden frei von negativen oder gar bösartigen Aussagen, die ihr Gedächtnis wie in einer Endlosschleife immer wieder abgespielt hat. Und sie lernen, auf eine andere Stimme zu hören, die ihnen Gutes zuspricht – die Stimme Gottes, die sie durch ihre Mitchristen erreicht. Manche werden sogar körperlich geheilt, ganz einfach, indem andere für sie beten und ihnen die Hände auflegen. Ich erinnere mich an eine Frau, bei der eine Geschwulst im Unterleib entdeckt wurde. Sie kam sonntags zum Gottesdienst und erzählte, dass für die Woche darauf ein Operationstermin angesetzt war. Ein paar Freunde beteten mit ihr, und als sie ein paar Tage später zur nächsten Untersuchung musste, war alles verschwunden. Solche Erlebnisse sind vielleicht nicht alltäglich, aber sie kommen auch heute noch vor.

Wertvolle Unterschiede

Jesus hat die unterschiedlichsten Typen um sich gesammelt und war mit ihnen unterwegs. Daran hat sich bis heute nichts geändert. Gott hat eine Schwäche für Charakterköpfe, und nichts läge ihm ferner, als sie alle in eine Uniform zu stecken. Paulus deutet das an, wenn er in Galater 3,28 feststellt, dass alte Gegensätze in diesem neuen Netz von Beziehungen keinen trennenden Charakter mehr haben. Frauen und Männer sind gleichermaßen akzeptiert – das war in vielen antiken Religionen ganz anders. Unüberwindliche soziale Gegensätze wie der zwischen Sklaven und Freien – heute würden wir sagen: zwischen Besserverdienern und Menschen in prekären Arbeitsverhältnissen – waren aufgehoben. Selbst der Graben zwischen Juden und Heiden, also zwischen Rassismus und Nationalismus, war in Christus überbrückt. Und tatsächlich begegneten sich in den ersten Gemeinden all diese Menschen auf Augenhöhe. Im apostolischen Team des Paulus waren Frauen selbstverständlich dabei. Sklaven etwa konnten wichtige Funktionen in den Gemeinden bekleiden und waren ohne Einschränkungen akzeptiert. Natürlich handelte man sich damit viel mehr Konflikte ein, als wenn man nur unter Seinesgleichen geblieben wäre. Aber wenn die Zukunftsvision der Bibel der Frieden zwischen Völkern, sozialen Gruppen und einzelnen Menschen ist, lohnt sich die Mühe. Vielleicht erinnern Sie sich noch an die Fußball-WM 2006. Die gemeinsame Begeisterung für ein Spiel führte zu bewegenden Szenen auf den Straßen und Plätzen deutscher Großstädte. Fremde aus aller Herren Länder feierten gemeinsam und erlebten, dass in der Verschiedenheit in Wahrheit ein großer Reichtum schlummerte. So ähnlich funktioniert es auch im Reich Gottes, nur dass dort „König Fußball" keine so entscheidende Rolle spielt.

Konkret geformt wird diese Einheit dadurch, dass der Geist Gottes die Vielfalt organisiert. Man kann sich das vorstellen wie ein internationales Büfett, zu dem jedes Land einen kulinarischen Beitrag leistet. Nur sind es hier die unterschiedlichsten Personen, die ihre Stärken einbringen und alle zusammen plötzlich viel mehr bewirken als jeder einzeln. Ein buntes Mosaik. Menschen sind so vielfältig begabt. Paulus verwendet im 1. Korintherbrief das Bild des menschlichen Körpers, der erst durch das komplexe Zusammenspiel vieler

Organe und Körperteile all die wunderbaren Dinge tun und dem der Ausfall eines dieser vielen Teile schon ganz schön zusetzen kann. Ich beachte meinen kleinen Zeh normalerweise nicht. Vor einer Weile aber hatte ich ihn böse verstaucht und konnte mich zwei Wochen nur humpelnd fortbewegen. Ganz ähnlich argumentiert Paulus gegenüber den Korinthern, die unter Konkurrenzdenken und Profilierungssucht litten: Niemand ist unwichtig, niemand überflüssig. Der eine kann organisieren, eine andere hat in kritischen Situationen den richtigen Riecher, der nächste hat ein besonderes Gespür dafür, was Gott in einem bestimmten Augenblick besonders am Herzen liegt, eine andere hält als sozialer „Klebstoff" die Gruppe zusammen. Der eine inspiriert die Gemeinschaft durch seine Großzügigkeit, die andere durch ihr mutiges Bekenntnis oder ihre barmherzige Ader. Ich könnte die Liste noch beliebig fortsetzen, aber schon diese Andeutungen zeigen: Jeder hat etwas beizutragen, und wenn das geschieht, blüht und gedeiht die Gemeinschaft und kann ihre Rolle in der Gesellschaft spielen. Einer Gesellschaft wohlgemerkt, die momentan immer mehr Menschen signalisiert, dass sie nicht mehr gefragt sind, wenn sie nicht jung, leistungsfähig, gutaussehend, reich, flexibel oder skrupellos genug sind für den Kampf um das Ticket für die Sonnenseite des Lebens.

Göttliche Demokratie

Während viele Organisationen (leider auch kirchliche) sehr hierarchisch funktionieren und wie eine Pyramide aufgebaut sind, setzt das Neue Testament auf eine ganz andere Karte. Es gibt dort zwar herausgehobene Funktionen, die jedoch als Dienst verstanden werden. Der griechische Begriff „Diakonia", der hier verwendet wird, meint nicht Knechtschaft, sondern das Aufwarten bei Tisch. Die Führungsaufgabe besteht also darin, dafür zu sorgen, dass alle zum Zug kommen. Pfarrer oder Bischöfe sollten viel mehr Gastgeber sein als Chefs oder Dozenten, zugleich aber hat dieser Dienst auch seine eigene Würde – es gibt kein „oben" und „unten" mehr in einer Welt, in die Gott sich tief hinabgebeugt hat. Daher reden die ersten Christen statt von Befehl und Gehorsam bei jeder Gelegenheit vom Miteinander: Einander annehmen, einander die Lasten tragen, einander trösten und vergeben, sich einander unterordnen, einander ermutigen – darum dreht sich das Gespräch.[42] Ein guter Gastgeber schafft einen Rahmen, in dem seine Gäste sich sicher fühlen und aus sich herausgehen können. Wo das gelingt, gehen alle bereichert nach Hause und kommen gern wieder. Wenn Kirche so funktioniert – und oft ist das weniger im offizielle Gottesdienst, sondern in einer überschaubaren Gruppe am Küchen- oder Wohnzimmertisch erfahrbar –, da wird in ihr etwas von Gottes Wesen erkennbar: die Gemeinschaft von Vater, Sohn und Heiligem Geist, die verschieden sind und doch in ihrer Liebe und Hingabe aneinander so untrennbar eins sind, dass – salopp gesagt – kein Blatt Papier dazwischenpasst. Zugleich – und das ist ja häufig die Angst, die uns Mauern und Barrieren errichten lässt – wird nicht eine Person von der anderen absorbiert und es entsteht auch kein undefinierbarer „Brei". Das heißt für menschliche Beziehungen: Ich kann mich verschenken, ohne mich zu verlieren. Ich kann ich selbst bleiben und zugleich anerkennen, dass ich ohne den anderen nicht der wäre, der ich bin. Wir meiden zu Recht symbiotische Beziehungen, wo man wie

<hr>

[42] Vgl. Römer 15,7; Galater 6,2; 1. Thessalonicher 4,18; Epheser 4,32; Epheser 5,21; Hebräer 10,25

Kletten aneinanderhängt, kein Raum mehr für Veränderung bleibt und jede unerwartete Regung des einen den anderen in Panik stürzt. Leider verteidigen wir unsere Freiheit oft instinktiv durch harte Abgrenzungen, die andere dann nur als Zurückweisung deuten können. Christliche Gemeinde kann so ein wunderbares Lernfeld für belastbare Beziehungen sein.

Wenn ich in den letzten Jahren in meiner Gemeinde eine Sache gelernt habe, dann ist es vielleicht das produktive Streiten mit Menschen, die völlig anders empfinden, denken und handeln als ich selbst. Dabei haben wir nicht alle Konflikte souverän gelöst, aber es sind trotzdem viele ganz tiefe Beziehungen daraus entstanden, dass wir auch in den Momenten aneinander festgehalten haben, als die Differenzen unüberwindbar schienen und keiner mehr genau wusste, ob der andere ihn noch hört oder versteht. Der große franziskanische Theologe Bonaventura hat einmal gesagt, eine Putzfrau könne Gott viel besser erkennen als ein Doktor der Theologie. Er wollte damit seine Kollegen nicht schlechtmachen. Doch er wusste, die verändernde Begegnung mit Gott kann durch intellektuelle Fähigkeiten nicht ersetzt werden, so nützlich sie auch sein mögen. In diesem Sinne ist Kirche schon immer eine göttliche Demokratie: Jede Stimme zählt, und erst die vielen Stimmen und Perspektiven helfen uns, ein tieferes Verständnis der Wege Gottes zu entwickeln. Polarisierende Kampfabstimmungen mit Fraktionszwängen, Siegern und Verlierern schaden dieser Kultur der Achtung ebenso wie ein ungeduldiges „Basta" der jeweils Mächtigen.

Mystiker mit offenen Augen

Johann Baptist Metz hat einmal gesagt, wahre Christen seien *... immer auch Mystiker, aber eben nicht Mystiker im Sinne einer ausschließlich spirituellen Selbsterfahrung, sondern im Sinne einer spirituellen Solidaritätserfahrung. Sie sind vor allem „Mystiker mit offenen Augen". Diese Mystik ist keine antlitzlose Naturmystik. Sie führt vielmehr in die Begegnung mit den leidenden Anderen, mit dem Antlitz der Unglücklichen und der Opfer. Sie gehorcht der Autorität der Leidenden.*[43]

Jede Gemeinschaft hat Rituale, an denen sichtbar wird, wer dazugehört und was das bedeutet. Nationalfeiertage mit großen Reden und öffentlicher Beflaggung, Autokorsos beim Sieg der Nationalmannschaft, der runde Geburtstag der Urgroßmutter im Kreise von Kindern, Enkeln und Urenkeln. Vieles davon hat im Zeitalter des Massenindividualismus an Gewicht verloren: Den Tag der deutschen Einheit nutzt die Mehrheit der Bürger zum Ausschlafen oder Rasenmähen, Familientreffen werden durch Facebook ersetzt, wo man Fotos und Nachrichten austauscht, und Fußballmuffel scheren sich nicht um nationale Triumphe oder Tragödien auf dem grünen Rasen. Die eine sinnstiftende Sache, an der alle teilhaben, ist der Konsum. Die Werbung gibt sich alle erdenkliche Mühe, ihre seelenlosen Massenartikel mit der Aura des Spirituellen zu umgeben. Sie verkauft uns keine Produkte, sondern ein Lebensgefühl. Und in dem Moment, wo wir einen Gegenstand erworben oder eine Dienstleistung genossen haben, wecken sie schon die Sehnsucht nach mehr. Indem wir einkaufen, bestätigen wir unseren Wert für eine Gesellschaft, die

---

[43] Johann Baptist Metz, Nur um Liebe geht es nicht, in: „Die Zeit" vom 19.04.2010 (http://www.zeit.de/2010/16/Mystik-Gerechtigkeit)

aus Konsumenten besteht. Damit die Volkswirtschaft keinen Kreislaufkollaps bekommt, müssen wir hungrig bleiben, leer und unzufrieden. Wegen der „Premium"-Marke meines Autos, meiner Sportkleidung oder meines Mobiltelefons bin ich wertvoll, werde geachtet als Teil einer Gemeinschaft, die sich im strahlenden Image des Konzerns und seiner Produkte sonnt. Und je begehrenswerter etwas erscheint, je größer der Kultstatus ist, desto wertvoller fühlen wir uns, für einen kleinen Moment zumindest. Eine Flut neuer Modelle sorgt dafür, dass mein neues Auto möglichst bald alt aussieht, ganz zu schweigen von den Klamotten aus dem letzten Jahr, deren Farben nun total out sind. Wir kaufen Dinge, die wir eigentlich nicht brauchen, um sie kurz darauf über eBay wieder abzustoßen. Wir kennen die Menschen nicht, die sie hergestellt haben. Sie haben nur selten einen echten Gebrauchswert, ihr Tauschwert wird in Geld bemessen und schwankt minütlich. Vielleicht ist es kein Wunder, dass Bulimie eine der schlimmsten Krankheiten unserer Zivilisation geworden ist. Wir horten Dinge nicht mehr, sondern wir würgen sie in regelmäßigen Abständen auch wieder hoch, um Platz für das Neue zu schaffen – egal, was es auch ist. Und in alldem versuchen wir uns zu finden, aber im Zentrum des Konsumstrudels finden wir nur eine große Leere.

Das Zentrum des christlichen Glaubens findet man nicht in Predigten und Liedern, sondern im Teilen von Brot und Wein. Im Abendmahl identifiziert sich Jesus mit seinem unterdrückten Volk, an dessen Erwählung und Befreiung sich das Judentum im Passahmahl erinnert. Er identifiziert sich mit seinen Tischgenossen, für die er sich hingibt und an die er sich verschenkt. So bietet er auch uns an, unseren Hunger nach Wert und Bedeutsamkeit und unser Bedürfnis, zu einer großen Gemeinschaft zu gehören, an seinem Tisch zu stillen. Es ist das Ritual des Antikonsums schlechthin. In Johannes 6 sagt Jesus: *Ich bin das Brot des Lebens; wer zu mir kommt, wird nie mehr hungern, und wer an mich glaubt, wird nie mehr Durst haben.*

Das Ganze ist notwendigerweise eine sinnliche Angelegenheit. Der Geschmack von Brot und Wein bringt uns in die Gegenwart – weg von den Sorgen der Zukunft und den Schatten der Vergangenheit. Nur in der Gegenwart finden wir Gott, nur als Anwesende können wir einander begegnen. In den Gesichtern der anderen, in den Gebeten, die wir gemeinsam sprechen, im Hören auf die Worte des Evangeliums vom Sterben und Auferstehen Christi, im Essen und Trinken als Gäste an der königlichen Tafel vergegenwärtigt sich Jesus selbst. Doch wir verzehren das Brot, das wir teilen, und den Wein, von dem wir gemeinsam trinken, nicht einfach. Wir *werden* verzehrt, werden Teil des *einen* Leibes Christi, der in einem weltumspannenden Netz von örtlichen, keineswegs virtuellen, sondern handfest-konkreten Mikrokosmen wie diesem besteht, in denen Gottes Liebe gefeiert und seine neue Welt erwartet wird. Wir hören auf, Mittelpunkt unseres Universums zu sein. Wir bleiben keine isolierten Individuen, sondern entdecken uns neu als Teil von Gottes Familie, die Freude und Leid miteinander teilt und sich ein offenes Herz für die Einsamen und Benachteiligten bewahrt. Statt der flüchtigen und oberflächlichen Beziehungen ewig strahlender Werbegesichter, in die wir uns als Konsumenten einkaufen, steht die Verbindung mit Jesus nicht unter dem Vorbehalt einer beschränkten Lebensdauer oder begrenzten Produkthaftung. Sie wird weder durch eigenes noch durch fremdes Leid aufgehoben, und sie macht uns, je mehr wir in sie hineinwachsen, sogar im Blick auf den Tod noch ruhig und gelassen. Wir können die Augen also ruhig offen lassen in dieser unberechenbaren Welt, denn

Spiritualität ist eine Lesekunst. Es ist die Fähigkeit, das zweite Gesicht der Dinge wahrzunehmen: die Augen Christi in den Augen des Kindes; das Augenzwinkern Gottes im Glanz der Dinge. Nicht Entrissenheit, sondern Anwesenheit und Aufmerksamkeit ist ihre Eigenart. Sie ist keine ungestörte Entweltlichung und Einübung in Leidenschaftslosigkeit. Sie ist lumpig und erotisch, weil sie auf die Straße geht und sieht, was dem Leben geschenkt ist und was ihm angetan wird.[44]

[44] Fulbert Steffensky, Schwarzbrot-Spiritualität, S. 19

12. Zu Gast bei Fremden

Die Bürger des Reiches Gottes sind eine merkwürdige Spezies. Sie gehören weder zu den seit Ewigkeiten Sesshaften, den Etablierten und Platzhirschen dieser Welt, die immer nur mehr vom selben wollen und deren Lebensgeschichte aus einem einzigen soliden Block heimischen Natursteins gemeißelt ist. Noch gehören sie zu den ziellos dahindriftenden Entwurzelten, deren Identität aus Loseblattsammlungen besteht, die der nächste Windstoß des Zeitgeistes wieder komplett neu sortiert. Die Bürger des Reiches Gottes leben irgendwo dazwischen.

Wie Israels Stammvater Abraham haben sie eine Stimme gehört, die sie auf den Weg in das Land der Verheißung ruft. Sie haben Gott als einen nomadischen Gott kennengelernt, den Gebäude nicht fassen können und der in seiner unberechenbaren Freiheit aufkreuzt, wann und wo er will. Bei aller Fähigkeit, den Augenblick zu genießen, gehen sie daher im Hier und Jetzt nicht völlig auf. Sie bleiben ein Stück weit Fremde, die von ihrer Umgebung nie zu hundert Prozent bestimmt und durchschaut werden können. Die Heimat, in der sie durch ihre Beziehung zu Gott verwurzelt sind, kommt ihnen in Gottes neuer Welt entgegen. Sie liegt noch in der Zukunft, aber sie ist keine Utopie mehr. Ihre Saat keimt überall auf der Welt schon auf.

Von Jesus heißt es am Beginn des Johannesevangeliums: „Er kam in sein Eigentum, aber die Seinen nahmen ihn nicht auf."[45] Vordergründig lässt sich das auf die Tatsache bezie-

---

[45] Johannes 1,11

hen, dass bei seiner Geburt kein Zimmer frei war in Bethlehem. Aber selbst als Erwachsener, als Jude unter anderen Juden, blieb Jesus ein Fremdkörper. Wie Jesus sind auch seine Nachfolger mitten unter den eigenen Landsleuten und Angehörigen Fremdkörper, Nichtsesshafte auf Wanderschaft, verdächtige Gestalten. Sie reagieren befremdlich, wenn die Meute mal wieder einen Sündenbock sucht oder zur Hatz auf Minderheiten bläst, wenn Racheschwüre ertönen, Säbel zu rasseln beginnen und Mauern hochgezogen werden. Das macht den Christen, so sagt der kroatische Theologe Miroslav Volf, der die Schrecken der ethnischen Säuberungen im Jugoslawienkrieg erlebt hat, zu einem Menschen, der

... durch Andersartiges bereichert wird; eine Persönlichkeit, die nur deswegen ist, was sie ist, weil sich in ihr viele andere in einer bestimmten Weise widerspiegeln. Die Distanz zu meiner eigenen Kultur, die daraus resultiert, dass ich aus dem Geist geboren bin, schafft in mir einen Riss, durch den andere hereinkommen können. Der Geist entriegelt die Tür meines Herzens, wenn er sagt: „Du bist nicht nur du; andere gehören auch zu dir."[46]

Das ist ein bemerkenswerter Kontrast zu einer Gesellschaft, die immer narzisstischer zu reagieren scheint und in der jeder Einzelne sich als Nabel der Welt empfindet: Irgendeiner Sache „da draußen" gestehen wir nur dann einen Wert zu, wenn sie eine emotionale Resonanz im Inneren erzeugt. Wir reagieren kaum auf die Nachricht, dass eine Katastrophe oder ein Krieg Tausende das Leben gekostet hat (es sei denn, wir sehen grausige Bilder davon), aber wir können uns endlos Gedanken über das Privatleben unserer Stars machen (und schauen uns die hübschen Bilder dazu an). Wenn der

---

[46] Miroslav Volf, Exclusion and Embrace. A Theological Exploration of Identity, Otherness, and Reconciliation, Nashville 1996, S. 51

Tsunami keine deutschen Touristen erwischt hätte, wären die Spenden kaum so hoch gewesen. Fürs Klima interessieren sich die Amerikaner erst richtig seit Katrina und wir Deutsche, seit der Winter einen Bogen um uns gemacht hat und im April das Gemüse auf den Feldern verdorrt ist. Und wenn dann im Jahr darauf die gefühlte Kälte zurück ist, ist auch die alte Gleichgültigkeit sofort wieder da. „Was bringt's mir?", fragen wir dann. Oder, wie der Werbeslogan eines Finanzinstituts kürzlich verblüffend unverblümt formulierte: „Unterm Strich zähl ich."

Berührungsängste vergessen

Christen, die mit ihrem Glauben Ernst machen, haben entdeckt: Wo immer Jesus in den Evangelien bei Leuten einkehrt, da wird er zum heimlichen Gastgeber. Und in seinem Schlepptau kommen merkwürdige Gestalten ins Haus – etwa die Prostituierte, die in Lukas 7 für den reichen und rechtschaffenen Pharisäer Simon zum Partyschreck wird, der Jesus mit seiner Einladung beeindrucken und ein bisschen vorführen möchte. Sie taucht unvermittelt auf, stürzt sich auf Jesus, gießt ihm schweres Parfum über die Füße und trocknet sie mit ihren Haaren. Die Biedermänner sind entsetzt, dass Jesus alle Vorstellungen von kultischer Reinheit und bürgerlichem Anstand in den Wind schlägt. Er lässt sich die ausgesprochen sinnliche Behandlung gefallen. Ganz offensichtlich hat er keine Berührungsängste. Schließlich tadelt Jesus den selbstgerechten Hausherrn und spricht der Frau, die ihr eigenes Leben zum Weinen bringt, Vergebung zu für einen Neubeginn. Sie hat ihren Platz an Gottes großer Tafel sicher. Simon aber, der ihr den Platz vorenthalten möchte, muss sich nun entscheiden, ob er Gottes große Party mitfeiern will, deren Einladung Jesus hier so unverschämt großzügig unter die Leute bringt. Hochmut und Arroganz, aber auch Minderwertigkeit, Sorgen, Ängste und Konkurrenzdenken halten Menschen oft davon ab, sich einladen zu lassen. Viele würden gern erst ihr Leben in den Griff bekommen oder auf Hochglanz bringen. Doch in Wirklichkeit geschieht Veränderung andersherum. Sie beginnt mit einem Ort, der sicher genug ist, um sich der Wahrheit über sich selbst zu stellen, weil dort kein Rechtfertigungsdruck herrscht. Das paradoxe Geheimnis der Gastfreundschaft Gottes liegt darin, dass wir die Welt verändern, indem wir darauf verzichten, andere verändern zu wollen oder auf unsere Seite zu ziehen. Wir treiben dann niemanden in die Enge, sondern eröffnen ihnen die Weite. Wir versuchen nicht sie zu beeindrucken und geben ihnen die Möglichkeit, sich selbst und Gott auf ihre ganz eigene Weise zu finden. Henri Nouwen hat das treffend beschrieben:

Wir können die Welt nicht durch einen neuen Plan, ein neues Projekt oder eine Idee verändern. Wir können nicht einmal andere Menschen verändern durch unsere Überzeugungen, Geschichten, Tipps und Vorschläge, aber wir können einen Freiraum schaffen, der Menschen ermutigt, ihre Waffen abzulegen, ihr Eingenommensein und ihre Voreingenommenheit abzulegen und dann aufmerksam und sorgfältig auf die Stimmen aus ihrem Innersten zu hören.[47]

Gastfreundschaft hat immer etwas Absichtsloses. In dem Moment, wo man eine Methode oder ein Mittel zum Zweck oder ein Werbegeschenk daraus macht, ist es auch schon keine Gastfreundschaft mehr, sondern versuchte

---

[47] Henri Nouwen, Reaching Out. The Three Movements of the Spiritual Life, Grand Rapids 1998, S. 53

Bestechung. Genauso hat Liebe etwas Absichtsloses, sie will nicht beherrschen oder besitzen. Liebe und Gastfreundschaft dürfen genossen werden und auch erwidert, dann aber nicht aus gequältem Pflichtgefühl, sondern aus freier Zuneigung. Wenn es einen Auftrag gibt, den Christen in dieser Welt haben, dann ist es der, solche Zuneigung zu verschenken – spontan, verschwenderisch und ohne alle Hintergedanken.

Die Unberührbaren unserer Zeit sind nicht mehr irgendwelche „Sünder", sondern die Fremden. Es ist schwer, die Isolation zu überwinden, wenn man irgendwo fremd ist. Von klein auf ist vielen von uns beigebracht worden, Fremden mit großem Misstrauen zu begegnen. Und je unübersichtlicher und anonymer unsere Welt wird, desto vorsichtiger werden wir. Gerade Menschen, die offensichtlich einen anderen sozialen und ethnischen Hintergrund haben, misstrauen wir in der Regel so lange, bis sie den Beweis erbracht haben, dass sie unbedenklich sind. Wir würden uns gern mehr um andere kümmern, instinktiv aber weichen wir ihnen aus. Fremde finden wir faszinierend und bedrohlich zugleich. Ihre Andersartigkeit konfrontiert uns mit unseren eigenen verborgenen Ängsten und verdrängten Aggressionen. Sie sind eine große Projektionsfläche für unsere Sehnsüchte und unseren seelischen Unrat. Daher halten wir im Zweifelsfall lieber Distanz. Der Soziologe Richard Sennett kommentiert diesen Rückzug ins Private so:

Um die Mitte des 19. Jahrhunderts entstand in (...) westlichen Hauptstädten ein Verhaltensmuster, das sich von allem unterschied, was man hundert Jahre zuvor (...) gekannt hatte oder heutzutage im größten Teil der nicht westlichen Welt kennt: die Vorstellung, dass Fremde kein Recht hätten, miteinander zu sprechen, dass

jedermann das öffentliche Recht auf einen unsichtbaren Schutz-
schirm besitze, das Recht, in Ruhe gelassen zu werden.[48]

Ich bin gern in Großstädten unterwegs. Vor einigen Monaten war ich dienstlich wieder einmal in London. Im Flugzeug
sprachen manche Passagiere noch miteinander, aber in dem
Pendlerzug ins Stadtzentrum schien niemand den anderen
mehr zur Kenntnis zu nehmen. Jemand nahm mir gegenüber Platz, ich nickte ihm zu, er zeigte keine Reaktion. In den
U-Bahn-Zügen und auf den Rolltreppen umgab mich, auch
wenn es eng zuging, nicht nur ein Luftpolster, die Blicke der
Mitreisenden gingen durch mich hindurch, als wäre ich Luft.
Und damit der Kokon möglichst undurchdringlich bleibt,
hatten sich die meisten die Ohren verstöpselt und sich hinter
einer Zeitung verschanzt. Obwohl ich das nicht zum ersten
Mal erlebte, war ich verstört. Wie gut, dass ich nicht in einem
anonymen Hotel übernachten musste, sondern bei Freunden
schlief. Wer in einem solchen Klima Fremde anspricht, gerät
automatisch in den (nicht ganz von der Hand zu weisenden)
Verdacht, bloß etwas verkaufen zu wollen, oder gar, nicht
ganz normal zu sein. Und damit sind wir schon beim nächsten Problem, das beim ersten Kontakt auftritt: Binnen weniger Sekunden machen sich Menschen ein Bild von anderen,
das sie – wenn überhaupt – nur ganz allmählich revidieren.
Wer einmal in einer falschen Schublade gelandet ist, kommt
nur schwer wieder heraus. Dabei sind es oft nur oberfläch-
liche und nebensächliche Dinge, die den Ausschlag zwischen
hopp oder top geben. Und in vielen Fällen gibt es nicht einmal mehr eine Chance, den falschen Eindruck zu widerlegen.
Unsere Vorurteile sorgen in beruhigender Weise dafür, dass

---

[48] Richard Sennett, Verfall und Ende des öffentlichen Lebens. Die Tyrannei der Intimität, Frankfurt 1983, S. 45 f.

alles bleibt, wie es ist. Sie sind Mauern, die uns vor der be-
ängstigenden Weite um uns her schützen.

Gastfreundschaft ist einer der höchsten Werte in der Bibel,
und in vielen orientalischen Kulturen ist das bis heute noch
so. Das griechische Wort im Neuen Testament ist noch etwas
prägnanter, wörtlich heißt es dort „Fremdenfreundschaft":
Ich behandle den Fremden so, als wäre er schon mein Freund.
Ich ignoriere also die Mauer in den Köpfen. Das Spannende
dabei ist, dass auf diese Weise tatsächlich viele Freundschaften geschlossen werden, auch wenn es natürlich kein Automatismus ist. Vor ein paar Wochen kam ein junges Paar auf
mich zu. Die beiden haben sich vor gut dreieinhalb Jahren in
einem unserer Gottesdienste kennengelernt. Sie war an diesem Tag zum ersten Mal da, ganz neu in der Stadt, und wurde
von einer Gruppe Studenten zum Mittagessen eingeladen.
Dort lernte sie einen jungen Mann kennen, sie trafen sich
immer öfter und heute sind die beiden glücklich verheiratet.
Das ist das Wunderbare – man weiß nie, was bei solchen Begegnungen alles herauskommt. Und man sollte damit natürlich nicht aufhören, nur weil man schon in festen Händen ist.
Gott hat viele Möglichkeiten, uns zu überraschen.

Die Kunst der Leere

Wir können von den einfachen Kulturen noch etwas anderes lernen: Gastfreundschaft setzt keineswegs Überfluss voraus. Wir können Beziehungen zu anderen auch dadurch
ersticken, dass wir mit den äußeren Dingen wie Essen und
Unterkunft für andere so beschäftigt sind, dass wir den Gast
darüber aus dem Blick verlieren. Vor einer Weile habe ich
eine solch übereifrige Gastgeberin erlebt. Das Essen und die

Dekoration waren großartig, aber in dem angestrengten Bemühen, an alles zu denken und alles perfekt zu machen, kam kein tieferes Gespräch auf und am Ende des Abend waren wir einander mindestens so fremd wie zuvor. Dasselbe geschieht, wenn wir den Kopf nicht frei bekommen und unsere innere Unruhe uns unfähig macht, ganz in der Gegenwart des anderen zu sein. Der nötige Freiraum muss manchmal mühsam erkämpft werden, so wie man bei einem größeren Unglück Rettungswege durch in Panik geratene Menschenmengen bahnen muss. Der volle Terminkalender, der unsere Wichtigkeit symbolisiert, muss entrümpelt werden. Aber der leere Raum weckt auch alle möglichen Ängste, die sich hinter der Hektik verborgen hatten. Zudem fällt es vielen Menschen schwer, Fragen offenzulassen und nicht nach der erstbesten Lösung zu greifen, die sich bietet. Wenn es jedoch gelingt, dann entsteht eine freundliche Leere, in die sich andere unbedrängt hineinbegeben und in der sie frei atmen können.

Der internationale Karlspreis wurde 2009 an Andrea Riccardi von der katholischen Gemeinschaft Sant' Egidio verliehen. Riccardi und seine Mitarbeiter haben unter anderem im Jahr 1992 den Frieden unter den Bürgerkriegsparteien in Mosambik vermittelt. Sie hatten behutsam Kontakte zu den verfeindeten Parteien gepflegt und schließlich alle Beteiligten zu Gesprächen nach Rom eingeladen. Zur Gastfreundschaft kam eine kluge Gesprächsführung hinzu, und schließlich konnten die Gegner von einst so weit über ihren Schatten springen, dass ein dauerhafter Friede erreicht wurde. Dauerhaft deshalb, weil die Gastgeber von Sant' Egidio keine Vorgaben machten, sondern ihren Gästen eine sichere Umgebung boten und damit die Möglichkeit, ihre eigene Lösung zu finden.

Vielleicht war das der Grund, warum Jesus seinen Jüngern verbot, etwas mitzunehmen, als er sie in die Dörfer und Städte der Umgebung sandte.[49] Es war nicht nur eine Lektion über einfachen Lebensstil. Es war auch mehr als ein zeitweiliger Seitenwechsel, der es einem erlaubt, die Gesellschaft auch einmal von unten oder aus der Perspektive des Außenseiters zu sehen. Jesus nahm ihnen alle Möglichkeiten, andere zu beeindrucken, und sorgte dafür, dass sie auf die Gastfreundschaft der Leute angewiesen waren, zu denen sie kamen (nebenbei: wenn christliche Mission diesem Prinzip immer treu geblieben wäre, sich dem Wohlwollen derer anzuvertrauen, an die man sich wandte, wären manche traurigen Kapitel der Kulturgeschichte wohl so nicht geschehen). Stattdessen sprachen sie den Menschen Gottes Frieden zu, beteten für die Kranken und erzählten, was sie mit Jesus erlebt hatten. „Mission", schrieb Fulbert Steffensky einmal, „heißt zeigen, was man liebt." So wie wir Bilder geliebter Menschen zu Hause aufstellen und wie wir sie – auf Papier oder digital – mitnehmen, wenn wir auf Reisen sind, wie wir fröhlich und mit bescheidenem Stolz davon erzählen, was uns mit unseren Lieben verbindet, so sichtbar und hörbar dürfen wir uns auch mit Jesus identifizieren, der ein Fremder um unseretwillen wurde und nun ein Freund ist, der uns in seine Familie aufgenommen hat.

Die Kunst der Leere bewahrt uns auch vor einer der größten Versuchungen, nämlich alle Antworten haben zu müssen. Das wäre nicht nur unrealistisch und eine Überforderung, sondern es ist auch ein echter Gesprächs- und Beziehungskiller. Gott hat es ja nicht nötig, dass wir seine Überlegenheit

---

[49] Vgl. Lukas 10,1 ff.

beweisen. Es endet ohnehin zu oft in einem verbalen Ping-
pong mit der Tendenz zu besserwisserischen Sprüchen. Ich
muss also im Kopf den nächsten Zug des Gegenübers nicht
schon vorwegnehmen und meine Reaktion planen. Selbst
gute Erfahrungen und ehrliche Begeisterung werden in
dem Moment zum Hindernis, wo ich mich selbst im Über-
schwang zum Maß der Dinge mache oder mich anderen
überlegen fühle. Vielleicht ist deshalb ein Tischgespräch das
bevorzugte audiovisuelle Medium des Evangeliums, denn bei
langen Reden wird das Essen kalt. Während ich aber etwas zu
mir nehme, bin ich still und höre den anderen zu: Ich lasse
mir etwas sagen. Das Zuhören aber ist mindestens so wichtig
wie das Reden.

In der Geschichte des Christentums sind es immer wieder
die Einsiedler gewesen, die diese Kunst der Leere ganz besonders beherrschten. Mit dem Erfolg, dass Menschen weite
Wege auf sich nahmen, um sie zu besuchen. Denn eines der
größten Geschenke, die wir einander machen können, ist
unsere ungeteilte Aufmerksamkeit. Wenn wir in Gedanken
nicht schon wieder bei unerledigten Aufgaben und ungelös-
ten Problemen sind, bekommen wir allmählich den „positiven Blick" für unser Gegenüber. Jeder Mensch hat ja nicht
nur Defizite und Schattenseiten, sondern auch unverwech-
selbare Stärken und eine einzigartige Geschichte. Manches
Unverwirklichte schlummert noch unter der Oberfläche,
doch wenn ein anderer es sieht und anspricht, wird es wach
und lebendig. Vieles in meinem Leben, dieses Buch einge-
schlossen, wäre nie Wirklichkeit geworden, wenn da nicht
jemand gewesen wäre, der mir mehr zutraute als ich selbst,
meine Bedenken zerstreute und dafür sorgte, dass ich meine
Träume nicht vorschnell aufgab. Das sind keine unkritischen

Menschen. Aber in manchen ihrer aufmunternden Worte konnte ich die Stimme Gottes hören.

Wer sich im Schweigen und in der Kontemplation übt, vertieft nicht nur sein Bewusstsein der Gegenwart Gottes, sondern tut sich als achtsamer Mensch auch in der Beziehung zu anderen leichter. Pater Franz Jalics erzählt von einer Gesprächsgruppe für Studenten. Er hatte auf klassische Lehrpläne verzichtet und alle Beteiligten gebeten, von ihren Glaubenserfahrungen zu erzählen. Es war eine bunte Mischung aus Christen, Atheisten und Angehörigen anderer Religionen. Jalics verstand sich nicht als Schiedsrichter, sondern als Gastgeber. Eine wichtige Regel war von Anfang an, einander mit dem größtmöglichen Respekt und Feingefühl zu begegnen. Am Ende des Semesters berichtete eine Studentin, die aus einer jüdischen Familie kam, aber Atheistin gewesen war, dass sie angefangen hatte, an Gott zu glauben. Nicht die Argumente, sondern die Achtung und Liebe, die allmählich in der Gruppe gewachsen waren, hatten die Veränderung bewirkt. „Wo man sich liebt", sagte sie, „da kann man Gott nicht leugnen."[50]

Die Logik des Advents

Eines der berühmtesten Gleichnisse Jesu ist das vom barmherzigen Samariter.[51] Es antwortet auf die Frage eines jüdischen Rechtsgelehrten, wer denn nun genau der „Nächste" sei, den es zu lieben gelte, wenn man zu den Auserwählten Gottes gehört. Also erzählt Jesus von einem Juden, der überfallen

---

[50] Franz Jalics, Miteinander im Glauben wachsen. Anleitung zum geistlichen Begleitgespräch, Würzburg 2008, S. 111
[51] Vgl. Lukas 10,25–37

wird und blutend am Straßenrand liegt. Und davon, wie andere religiöse Juden sich nicht um ihn kümmern, weil sie es eilig hatten oder sich durch den Kontakt mit dem Blut des anderen verunreinigt und damit „kultunfähig" gemacht hätten. Schließlich kommt ein Samariter vorbei, dessen Volk das religiöse Erbe Israels übel verwässert und verfälscht hatte – „Abtrünnige" oder „Verführer" werden ja viel inbrünstiger gehasst und abgelehnt als normale Andersdenkende. Rituelle Reinheit interessiert den Mann nicht: Ausgerechnet er hilft dem Juden – und wird so zu seinem Nächsten. Er lässt sich unterbrechen in seiner Geschäftigkeit. Er verarztet den Verletzten provisorisch und besorgt ihm eine Unterkunft. Er übernimmt die Kosten für seine Genesung. Er sieht in dem Juden nicht den Erbfeind oder den Konkurrenten in Sachen rechter Glaube, sondern den Mitmenschen, der ihn etwas angeht. Nicht das Trennende, sondern das Verbindende steht im Zentrum. Jesus kritisiert hier nicht einfach nur das, was unsere Gesetze „unterlassene Hilfeleistung" nennen. Er entblößt Denkstrukturen, die verhindern, dass wir den anderen überhaupt erst als den „Nächsten" sehen, der uns etwas angeht – auch wenn er anders denkt, glaubt und lebt, als wir das gewohnt sind und gut finden. Und wie so oft in der Bibel ist es auch hier der andere – der Fremde, der die Rettung bringt. Nicht nur im medizinischen Sinn, sondern auch so, dass wir in der Begegnung mit ihm die Wahrheit über uns selbst erkennen. Und egal, wie viel Wissen und Erfahrung wir schon gesammelt haben, das Lernen über solche Konfrontationen hört einfach nicht auf. Auch deshalb wird Jesus nicht müde, seinen jüdischen Gesprächspartnern ausgerechnet die Leute als Beispiel vor Augen zu stellen, auf die sie mitleidig oder arrogant herabsahen: Samaritaner, Heiden, Prostituierte, korrupte Typen, Kollaborateure. Nicht, weil bei denen alles in Ordnung gewesen wäre. Sondern weil Gott groß genug ist, um trotz ihrer Fehler und Probleme durch sie zu uns zu sprechen. Und wenn wir diese Wahrheit annehmen, dann kann er ja vielleicht auch durch uns etwas bewirken? Das ist die Logik des Advents: Gott kommt als vermeintlich Fremder. Er kommt durch die Hintertüre. Aber er kommt, um zu bleiben.

So lernen wir das in globalisierten Zeiten lebenswichtige Ethos der Gastfreundschaft: nicht als ein Regelwerk, sondern als eine Lebenshaltung. Eine Haltung, die den anderen nicht als Störung und Eindringling betrachtet und ihn sich vom Leib hält, indem sie ihn ignoriert oder verscheucht. Sondern die dem anderen auf Augenhöhe begegnet, die sich etwas sagen lässt – die arm genug ist, sich bereichern zu lassen.

Fremde sind Gottes Erinnerung daran, dass wir uns nicht selbst gehören und sich die Welt nicht um unsere vermeintlichen Selbstverständlichkeiten dreht. In dieser Funktion sind sie ein Geschenk für uns, weil sie eine befreiende Wahrheit verkörpern: Wir sind nicht die Herren unseres Lebens und die Eigentümer dieses Planeten, wir diktieren anderen auch nicht die Spielregeln. Der Hausherr ist Gott selbst, und die schrankenlose Liebe zum Nächsten ist das Rückgrat seiner Hausordnung. Das Ethos der Gastfreundschaft reicht aber noch weiter als das persönliche Verhältnis zu einzelnen Mitmenschen: Es zielt auch darauf ab, dass wir im Kampf um soziale und globale Gerechtigkeit nicht einfach nur die Veränderung der Umstände fordern, sondern mit der Veränderung bei uns selbst anfangen. Es nimmt uns in die Pflicht gegenüber einer geschundenen Schöpfung, die unter unserem Raubbau stöhnt und deren Narben und Wunden so offen zutage liegen wie beim Verletzten an der Straße von Jericho nach Jerusalem. So gesehen kann es auch keine Frage sein, ob uns ein nachhaltiger Lebensstil Zeit und Geld kosten darf. Klar gibt es den nicht zum Nulltarif!

Der Advent – das Kommen Gottes – ist der letzte und tiefste Grund für die Praxis der Gastfreundschaft im Land des Glaubens. Im Judentum gibt es den Brauch, einen Stuhl am Tisch leer zu lassen – für den kommenden Messias. Unsere Hoffnungen und Sehnsüchte haben mit diesem leeren Stuhl zu tun. Mit den Leerstellen in unserem Leben, die noch nicht gefüllt sind. Dem Unfertigen, Nichtvollendeten. Mit ungesättigtem Hunger auf eine Lebensqualität, die sich nicht materiell definieren lässt. Damit, dass dem ersten Kommen des Messias weitere Ankünfte folgen, in diversen Verkleidungen, und schließlich die endgültige Rückkehr. Jesaja hat es angekündigt und Jesus hat es bestätigt: Am Ende aller Dinge steht ein großes Fest. Die ultimative Wiedervereinigung von Himmel und Erde – wenn all das wieder zusammenwächst, was zusammengehört. Zwischen einzelnen Menschen, zwischen Völkern und Kulturen, zwischen Klassen, Parteien und Gruppierungen. Wo immer jemand eine offene Tür und einen freien Platz findet, bekräftigt sich diese Hoffnung aufs Neue.

Epilog

Schauen wir zurück auf unsere Reise: Gott kam in Jesus von Nazareth als Fremder in eine Welt, die sich damals wie heute im ständigen Gerangel selbst ernannter Platzhirsche um die Macht selbst zugrunde richtet. Er war bei Menschen zu Gast, und ehe sie sich versahen, waren sie selbst Gäste des menschenfreundlichen Gottes – die einen eher beschenkt, die anderen eher beschämt –, vor ihnen eine weit geöffnete Tür zu einem neuen Leben, das plötzlich möglich war. Und doch erkannte die Welt, wie Johannes sagt, den wahren Hausherrn nicht, sondern versuchte, ihn loszuwerden. Selbst die eigenen Anhänger verzweifelten angesichts des Kreuzes an der Fremdheit und Verwegenheit seiner Bereitschaft, sich selbst aufzugeben. Weil Gott ihn aber mit seinem alles entscheidenden Machtwort auferweckt hat, fällt das Urteil der Welt und ihrer Herren über Jesus auf sie selbst zurück.

Der Ruf in die Nachfolge Jesu ist wie der Schrei der Möwe – wer ihn gehört hat, kann sich nicht mehr so einfach abfinden mit Sachzwängen und findet vieles Gewöhnliche plötzlich gar nicht mehr normal. Er wird mitten im vertrauten Terrain zum Fremden, der mit einem Mal begriffen hat, dass er seine wirkliche Heimat noch vor sich hat. Und findet in dieser Distanz die nötige Freiheit, sich verändern zu lassen und anderen Veränderung zu ermöglichen. Er wird zu seiner Überraschung entdecken, dass viele andere auf demselben Weg sind.

Vincent Donovan, ein katholischer Priester aus Amerika, ging vor vielen Jahren zu den Massai. Im Rückblick beschreibt er, wie die Begegnung mit den Massai und ihrer Kultur seine Vorstellung, worum es Gott in dieser Welt geht, nach und nach revolutionierte. Als Gast der Massai lernte er, die Welt durch ihre Augen zu sehen, und das veränderte ihn selbst mindestens so sehr wie seine Gastgeber:

Monate später (...) saß ich und sprach mit einem Ältesten der Massai über die Qual von Glauben und Unglauben. (...) Er bedeutete mir, dass das Wort, das ich für „Glauben" verwendet hatte, in ihrer Sprache kein befriedigender Begriff war. Es bedeutete wörtlich „zustimmen". Ich wusste selbst, dass dieses Wort ungenügend war. Er sagte, so zu „glauben" sei ähnlich wie ein weißer Jäger, der ein Tier mit seiner Flinte aus großer Entfernung erlegt. Nur seine Augen und Finger waren daran beteiligt. Wir sollten ein anderes Wort finden. Er sagte, wenn ein Mann wirklich glaubt, dann ist das wie ein Löwe, der seiner Beute nachstellt. Seine Nase und Ohren erhaschen die Beute. Seine Beine geben ihm das Tempo, um sie zu fangen. Die ganze Kraft seines Körpers legt er in den tödlichen Sprung. (...) So tötet ein Löwe. So glaubt ein Mann. Das ist Glaube.

Ich sah den Ältesten mit Erstaunen an. Glaube, so verstanden, würde erklären, warum mir, wenn mein eigener weg war, jede Faser meines Wesens wehtat. Aber mein weiser Lehrer war noch nicht fertig. „Wir haben dich nicht aufgespürt, Padri", sagte er zu mir. „Wir wollten nicht einmal, dass du zu uns kommst. Du bist uns gefolgt, von deinem Haus in den Busch, in die Ebenen, in die Steppe, wo unser Vieh ist, und die Hügel, wo wir unser Vieh zum Wasser führen, in unsere Dörfer, in unsere Häuser. Du hast uns vom höchsten Gott erzählt, wie wir ihn suchen müssen, sogar unser Land verlassen und unser Volk, um ihn zu finden. Aber das haben wir nicht getan. Wir haben unser Land nicht verlassen. Wir haben ihn nicht gesucht. Er hat uns gesucht. Er hat uns gesucht und aufgespürt. Die ganze Zeit denken wir, wir sind der Löwe. Am Ende ist der Löwe Gott."[52]

---

[52] Vincent Donovan, Christianity Rediscovered, New York 2005, S. 48

Unser Autor

Peter Aschoff hat in Erlangen und Tübingen Evangelische Theologie studiert und wurde im Fach Kirchengeschichte promoviert. Er gehört zum Leitungsteam von ELIA, einer Initiativgemeinde in der Evangelischen Kirche, und ist Gründungsmitglied des Alpha Deutschland e. V.